高等职业教育交通运输大类系列教材·城市轨道交通

城市轨道交通票务组织

主　编　汪武芽
副主编　欧阳淼娃

全书资源总码

北京理工大学出版社
BEIJING INSTITUTE OF TECHNOLOGY PRESS

内 容 简 介

本书围绕城市轨道交通车站票务类岗位一日票务作业内容展开，具体包括票卡媒介类型与应用、车站终端设备操作与票务事务处理、车站票务业务管理、车站计算机系统应用、线路中央计算机系统与清分系统认知等。

本书配备有视频资源，运用"互联网+"技术，在书中相关知识点设置了二维码，通过手机扫码即可查看相关视频。

本书内容丰富、主次突出，结构安排合理，理论知识与实践技能相结合，实现了教、学、做一体化，可作为城市轨道交通运营管理专业教学用书，也可供城市轨道交通运营企业员工培训使用。

版权专有　侵权必究

图书在版编目（CIP）数据

城市轨道交通票务组织／汪武芽主编. --北京：北京理工大学出版社，2022.7（2022.8重印）

ISBN 978-7-5763-1478-6

Ⅰ.①城… Ⅱ.①汪… Ⅲ.①城市铁路-旅客运输-售票-管理-高等学校-教材　Ⅳ.①U293.2

中国版本图书馆 CIP 数据核字（2022）第 118400 号

出版发行 /	北京理工大学出版社有限责任公司
社　　址 /	北京市海淀区中关村南大街5号
邮　　编 /	100081
电　　话 /	（010）68914775（总编室）
	（010）82562903（教材售后服务热线）
	（010）68944723（其他图书服务热线）
网　　址 /	http://www.bitpress.com.cn
经　　销 /	全国各地新华书店
印　　刷 /	涿州市新华印刷有限公司
开　　本 /	787毫米×1092毫米　1/16
印　　张 /	12.5
字　　数 /	291千字
版　　次 /	2022年7月第1版　2022年8月第2次印刷
定　　价 /	39.80元

责任编辑／多海鹏
文案编辑／多海鹏
责任校对／周瑞红
责任印制／李志强

图书出现印装质量问题，请拨打售后服务热线，本社负责调换

前　言

"城市轨道交通票务组织"课程是城市轨道交通运营管理专业的核心课程，也是适应站务员、值班员等岗位能力要求的必修课程。

教材遵循职业院校学生学习和成长规律，推动"岗课赛证"融通。教学内容瞄准岗位需求，对接城市轨道交通服务员国家职业技能标准和票务岗位作业过程，及时吸收行业的新知识、新技术、新规范和新标准，引入行业竞赛技术方案和城市轨道交通站务职业技能等级证书考核要求，重构了基于工作过程的课程内容体系。

教材内容以城市轨道交通车站票务类岗位一日票务作业为主线，既有票卡等理论知识的认知，又有自动售检票设备——票箱、钱箱的更换和清空作业，票箱、钱箱的补票和补币等实践操作，符合理实一体化课程设计理念。

本书由江西交通职业技术学院汪武芽任主编、江西环境工程职业学院欧阳淼娃任副主编，汪武芽负责项目2、项目3、项目4、项目5、项目6、项目7、项目8的编写任务，欧阳淼娃负责项目1的编写任务。在编写过程中，参考并引用了部分专家、学者的成果，在此表示感谢。本书中有部分图片及资料来自网络，对其作者一并致谢。由于编者水平有限，书中疏漏和不当之处在所难免，敬请广大读者批评指正，以便今后修订和完善。

编　者

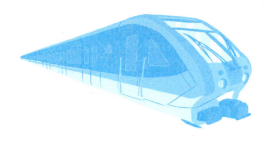

目 录

项目1 城市轨道交通 AFC 系统认知 ········· 001

- 任务1　认识城市轨道交通票务系统 ········· 002
  - 知识库1　城市轨道交通票务系统内容及实现方式 ········· 003
  - 知识库2　城市轨道交通票制、票价 ········· 004
- 任务2　认识城市轨道交通 AFC 系统 ········· 008
  - 知识库1　城市轨道交通 AFC 系统及组成 ········· 008
  - 知识库2　城市轨道交通 AFC 系统架构与运行模式 ········· 011
  - 知识库3　城市轨道交通 AFC 系统设备配置与布局 ········· 014

项目2 城市轨道交通票卡认知 ········· 019

- 任务1　认识城市轨道交通票卡媒介 ········· 020
  - 知识库1　城市轨道交通传统票卡媒介 ········· 021
  - 知识库2　城市轨道交通新型票卡媒介 ········· 025
- 任务2　认识城市轨道交通票卡类型 ········· 028
  - 知识库1　接触式票卡与非接触式票卡 ········· 029
  - 知识库2　筹码型、方卡型与异型票卡 ········· 031
  - 知识库3　单程票、储值票与许可票 ········· 032
- 任务3　城市轨道交通车票应用 ········· 035
  - 知识库1　城市轨道交通单程票 ········· 035
  - 知识库2　城市轨道交通其他专用票 ········· 037
  - 知识库3　城市轨道交通储值票 ········· 039
  - 知识库4　城市轨道交通车票处理 ········· 040

项目3 自动售票机结构认知与票务事务处理 ········· 045

- 任务1　认识自动售票机结构 ········· 046
  - 知识库1　自动售票机外部结构 ········· 047
  - 知识库2　自动售票机内部结构 ········· 050
- 任务2　自动售票机票务作业 ········· 057
  - 知识库1　自动售票机日常操作 ········· 058

　　　　知识库 2　自动售票机票箱钱箱更换、清空作业 …………………………………… 064
　　任务 3　自动售票机故障情形下票务事务处理 ……………………………………… 075
　　　　知识库 1　自动售票机常见故障处理 …………………………………………… 076
　　　　知识库 2　自动售票机故障情形下票务事务处理 ……………………………… 077

项目 4　半自动售票机结构认知与票务事务处理 …………………………………… 082

　　任务 1　半自动售票机结构认知与故障处理 ………………………………………… 083
　　　　知识库 1　半自动售票机功能与性能指标 ……………………………………… 084
　　　　知识库 2　半自动售票机结构认知与故障处理 ………………………………… 085
　　任务 2　半自动售票机票务事务处理 ………………………………………………… 089
　　　　知识库 1　半自动售票机日常操作 ……………………………………………… 089
　　　　知识库 2　半自动售票机票务事务处理 ………………………………………… 101

项目 5　自动检票机结构认知与票务事务处理 …………………………………… 109

　　任务 1　自动检票机结构认知与故障处理 …………………………………………… 110
　　　　知识库 1　自动检票机功能与分类 ……………………………………………… 111
　　　　知识库 2　自动检票机结构组成与故障处理 …………………………………… 114
　　任务 2　自动检票机票务作业 ………………………………………………………… 121
　　　　知识库 1　自动检票机进出站作业 ……………………………………………… 121
　　　　知识库 2　自动检票机回收票箱更换作业 ……………………………………… 123
　　任务 3　自动检票机票务事务处理 …………………………………………………… 125
　　　　知识库 1　自动检票机故障情形下票务事务处理 ……………………………… 126
　　　　知识库 2　车票进出站次序错误处理 …………………………………………… 128

项目 6　城市轨道交通车站票务业务管理 ………………………………………… 131

　　任务 1　票务职责认知与车站日常票务管理 ………………………………………… 133
　　　　知识库 1　票务部门与票务岗位工作职责 ……………………………………… 133
　　　　知识库 2　现金管理 ……………………………………………………………… 136
　　　　知识库 3　车票管理 ……………………………………………………………… 138
　　　　知识库 4　票务备品与票务钥匙管理 …………………………………………… 140
　　　　知识库 5　票务报表管理 ………………………………………………………… 141
　　任务 2　票务岗站务员票务业务管理 ………………………………………………… 145
　　任务 3　值班员票务业务管理 ………………………………………………………… 150
　　任务 4　值班站长票务业务管理 ……………………………………………………… 155
　　任务 5　票务违章与票务事件处理 …………………………………………………… 157
　　　　知识库 1　票务违章及处理 ……………………………………………………… 157
　　　　知识库 2　票务事件及处理 ……………………………………………………… 159

项目 7　城市轨道交通计算机系统认知 …………………………………………… 163

　　任务 1　车站计算机系统认知与 AFC 运行模式设置 ………………………………… 164

知识库1　车站计算机系统功能与组成 …………………………………… 165
　　知识库2　AFC运行模式设置 ………………………………………………… 168
任务2　线路中央计算机系统认知 …………………………………………………… 172
　　知识库1　线路中央计算机系统功能与组成 ………………………………… 173

项目8　城市轨道交通清分认知 …………………………………………………… 176

任务1　城市轨道交通清分认知 ……………………………………………………… 178
　　知识库1　城市轨道交通清分系统 …………………………………………… 178
　　知识库2　城市轨道交通清分方案 …………………………………………… 183
　　知识库3　城市轨道交通清分影响因素 ……………………………………… 185

参考文献 ………………………………………………………………………………… 190

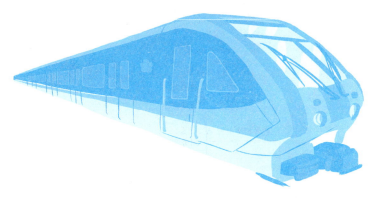

项目 1

城市轨道交通 AFC 系统认知

 项目导读

  城市轨道交通票务系统是运营企业为乘客提供快捷出行、有效进行票务收入管理、合理配置运营系统资源而建立的一套系统。根据实现方式,其可分为人工售检票系统和自动售检票系统两类。自动售检票系统具有自动收费计费、统计数据等优点,已在行业内广泛使用,由车票、车站终端设备、车站计算机系统、线路中央计算机系统和清分系统构成。在自动售检票系统基本架构中,分级集中式架构符合当前网络化运营的需要。车站终端设备的配置与布局,受多因素影响,其中客流量是重要因素。

项目结构图

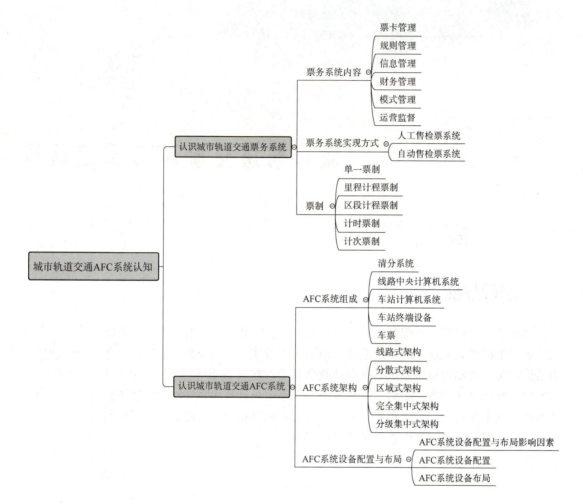

任务 1　认识城市轨道交通票务系统

【任务目标】

1. 知识目标
（1）熟悉城市轨道交通票务系统的内容及功能。
（2）掌握城市轨道交通票制的类型及特点。

2. 能力目标
（1）能准确区分里程计程票制和区段计程票制。
（2）能概括描述国内城市轨道交通运营企业票制特点。

3. 思政与素养目标
（1）培养学生积极探索的学习态度和理论联系实际的应用能力。
（2）培育学生与时俱进、求真务实、追求真理的职业品质。

【任务描述】

（1）讨论人工售检票系统与自动售检票系统的特点。
（2）实地调研或查阅资料，分析城市轨道交通运营企业票制和票价情况。

【任务知识库】

知识库 1　城市轨道交通票务系统内容及实现方式

一、城市轨道交通票务系统内容

城市轨道交通票务系统是城市轨道交通运营企业为乘客提供快捷出行、有效进行票务收入管理、合理配置运营系统资源而建立的一套满足城市轨道交通票务管理需求的系统，是城市轨道交通运营管理业务系统的重要组成部分。

1. 城市轨道交通票务系统功能

城市轨道交通票务系统的主要功能是确定票制、制定票价等运营策略，对车票制作、车票出售、进站检票、出站验票和补票、罚款等票务收益信息进行有效管理，对车票流向、票款收入进行监视控制和协调指挥等，票务系统的运行直接影响到运营企业的收入和经济效益。随着系统功能外延的不断扩展，城市轨道交通票务系统也承担起对运营状况进行监控管理的职责。

2. 城市轨道交通票务系统内容

城市轨道交通票务系统的内容主要包括票卡管理、规则管理、信息管理、财务管理、模式管理和运营监督等。

（1）票卡管理。票卡就是乘客使用的车票，用于记载乘客的出行和费用信息，是乘车的有效凭证。票卡管理就是对车票的发行、使用和更新等全过程进行有效管理。

（2）规则管理。制定一套科学、严密的规则和流程是票务系统能够在多部门和多环节高效运行的保证，规则管理主要包括计价方式、乘车时限、车票有效期及车票使用等。

（3）信息管理。信息化是城市轨道交通票务系统的基本特征之一，为进行有效的管理和决策提供可靠的信息，需对系统收集的基础数据进行深度挖掘、加工，开展统计分析并发布信息。

（4）财务管理。财务管理就是对系统内的票务收入进行汇缴、清算、入账等过程的管理，包括账户设置、票款汇缴、登账稽核、收益清算、资金划拨和对凭证进行有效管理等。

（5）模式管理。模式管理就是针对不同的运营状况、条件所做出的相应操作行为的选择和实施，包括正常运行模式、降级运行模式及紧急放行模式等。

（6）运营监督。运营监督就是通过系统设备及所具有的完整、严密、及时的信息流对运营状况进行实时跟踪监督，以提高运营质量和服务水平，包括信息传输状况监督、客流状况监督、车票调配监督和收益监督等。

城市轨道交通线网票务系统的统一规划是实现线路之间换乘的基础条件。如果没有线网票务系统的统一规划，则可能导致各线路之间票务系统不兼容、车票介质不兼容，因而无法实现互联，不能实现信息共享，也无法进行交易数据清分。因此，只有在各线路均采用了票务系统规划所统一制定的车票制式、系统接口和清分算法,才能保证整个城市轨道交通线网在付费区内直接换乘。

二、城市轨道交通票务系统实现方式

根据票务系统的实现方式,城市轨道交通票务系统可分为人工售检票系统和自动售检票系统两类。

1. 人工售检票系统

人工售检票系统采用印制纸票,是完全由人工来完成售票、检票和票务数据统计的票务系统实现方式。其特点主要有:设备投资低,人工操作;需要大量工作人员,占用车站较大空间,乘客在售检票过程中花费时间长,票务数据统计慢、容易出错等。随着信息技术的不断进步,人工售检票系统已逐步退出历史舞台,但在某些特殊情况下仍有应用价值。

2. 自动售检票系统

自动售检票系统是当前城市轨道交通系统中普遍应用的现代化联网收费系统,完全由乘客自行操作售检票设备来完成售检票,并由设备自动完成票务数据统计,其便捷和准确性优于传统的人工售检票系统。其特点主要有:所需工作人员减少,乘客在售检票过程中方便快捷,票务数据统计实现了自动化;但需要购买相关设备,设备投入大,对系统的依赖性强等。在城市轨道交通网络化运营中,自动售检票系统是城市轨道交通票务收入和结算的基础,只有通过安全、可靠和完备的自动售检票系统才能有效地实施票务清分和结算。

知识库2 城市轨道交通票制、票价

一、城市轨道交通票制

票制,即票价制式,目前国内外城市轨道交通票制分为两大类:基础票制和辅助票制,如图1-1所示。

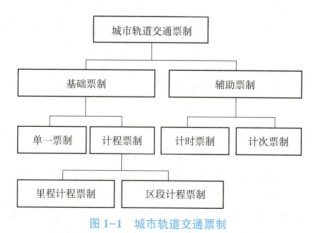

图1-1 城市轨道交通票制

1. 单一票制

单一票制是指不论乘车的里程长短,全网发售单一票价车票的票制。在这种模式下,售检票工作简单方便,只需发售一种价格的车票,易于管理和操作。如果采用人工售检票方式,检票工作也简单易行,只需在进站时进行,出站无须安排工作人员检票。但单一票制的缺点也非常明显：一是难以做到对客流信息的准确、实时统计，只能确定进入轨道交通系统的乘客数量，对于不同乘客的乘车区间及某一区段的客流量无法统计；二是所有的乘客无论行程长短，票价相同，长短途费用支出不合理，具有一定的不公平性。

2. 计程票制

计程票制又可分为里程计程票制和区段计程票制。

1) 里程计程票制

里程计程票制是以 1 km 作为基本计价单位，累计加价的计程票制，遵循"逐级递进、递远递减"原则。里程计程票制的优点是：收费标准精确合理，在规模较大的线网中能够精确反映价值与价格的关系，有效地兼顾长、短途乘客的需求，实现客运量与运输能力之间的平衡。里程计程票制充分考虑了长、短途客流的不同需求，按乘坐里程与票价的关系制定合理的票价，适用于车站间距有较大差异的线网。但是其管理难度较大，对自动售检票系统提出了更高的要求。

2) 区段计程票制

区段计程票制是以规定里程或车站数作为基本计价单位，累计加价的计程票制。区段计程票制有效地弥补了单一票制和里程计程票制的缺陷，这种票制基本上能够反映价值与价格的关系，兼顾了长、短途乘客的需求。同时，设置的收费等级相对较少，又能够方便乘客使用。区段计程票制考虑了长、短途客流的需求，票价相对合理，乘客可根据乘坐的区间数计算票价，但区段计程票价不适用于站间距有较大差异的线网。

3. 计时票制

计时票制是指按照乘客在城市轨道交通系统中的停留时间计费的票制，计时票制通常被作为上述几种票制的辅助形式使用。比如在计程票制下，针对每一张特定区间的车票，设定一个合理的有效时间段，一旦超过规定时间，乘客必须重新购票。有效时间段的设定必须使乘客既能有充分的时间到达目的地，又不会在城市轨道交通系统中停留过长的时间。计时票制的优点是车票计时可以有效地减少乘客在城市轨道交通系统内不必要的停留，减轻城市轨道交通系统的拥挤状况。因此，计时票制适用于客流量大、拥挤严重，且售检票自动化水平高的城市轨道交通系统。

4. 计次票制

计次票制是指在车票规定的有效期内，使用该票可在线网内任何车站进站乘车，每次乘车不限里程，出站时扣除一次乘车次数，每次扣除的费用是相同的。

二、城市轨道交通票价及制定原则

城市轨道交通作为一项重要的公共产品，其票价既具有商品价格的共性，也具有交通运输产品的特性。票价的稳定性相对较大，变动性相对较小；票价与时间有密切联系；票价中的政策含量相对较大。城市轨道交通票价的制定应以"公益为先、兼顾效益"的原则，正确处理乘客、企业与政府三者间的关系，充分考虑"乘客的承受能力、企业的可持续发展、政府的调控能力"，实现企业长期利润最大化。城市轨道交通票价的制定应考虑以下几个原则。

1. 公益性原则

城市轨道交通是城市公共交通的重要组成部分，需要承担相应的公共产品的责任，发挥公益作用，满足广大市民的出行需求。因此，其票价应遵循公益优先原则，充分发挥城市轨道交通在公共交通中的骨干作用。

2. 考虑乘客承受能力原则

城市轨道交通作为重要的城市公共交通形式，承担了大量的城市通勤出行，因此其票价的制定应充分考虑大众的经济承受能力，不得脱离当地实际的经济社会发展水平，导致乘客无力承担。

3. 比价合理原则

城市轨道交通建设和运营的成本较高，且具有安全、快捷、准点、舒适等特点，因此城市轨道交通票价的定位应略高于地面公交。作为公共交通形式，其价格应低于出租车，从而体现出城市轨道交通的高性价比。

4. 可持续发展原则

一般来说，城市轨道交通建设的成本回收周期长，合理收益见效缓慢，因此票价的制定既要兼顾政府投资财力，又要维护乘客的利益，还需考虑企业的长远发展。

5. 递远递减原则

城市轨道交通运价的结构通常表现为按距离区别的差别运价结构。运距越长，分摊到单位运输里程的作业费和管理费就越少，运输成本就越低。因此，城市轨道交通票价的制定应遵循递远递减的原则。

【任务实施】

（1）分组讨论，比较人工售检票系统与自动售检票系统的特点，完成表1-1所列表格。

表1-1 人工售检票系统与自动售检票系统的比较

票务系统实现方式	优点	缺点	适用情形
人工售检票系统			
自动售检票系统			

（2）分组实地调研或查阅资料，分析当前国内具有代表性城市轨道交通运营企业票制和票价情况，完成表1-2。

表1-2 票制、票价情况分析

运营企业	票制	票制特点	票价情况
北京地铁			
上海地铁			
广州地铁			
沈阳地铁			
武汉地铁			
成都地铁			
西安地铁			

【任务评价】

评价方法：以小组为单位进行评价，评价主体为教师和学生，教师评价占60%，小组自评占20%，组间互评占20%，见表1-3。

表1-3 任务评价

序号	评价标准	分数	评分记录		
			小组自评	组间互评	教师评价
1	小组成员的参与情况	20			
2	小组成员的分工情况	5			
3	两种售检票方式特点概括的完整度	30			
4	企业票制票价描述的全面性	40			
5	任务提交的及时性	5			

【巩固与练习】

一、选择题

1. 以下关于城市轨道交通票务系统描述正确的是（　　）。
A. 换乘需要重新购票
B. 采用纸质车票
C. 人工售检票是主要实现方式
D. 采用计程、计时票价，可实现付费区内直接换乘和多元收益方的精细清分

2. 杭州地铁票制为（　　）。
A. 按实际乘坐区间的计程票制　　　　B. 按实际乘坐里程分段计价票制
C. 按实际乘坐车站数的计程票制　　　D. 分区域计程制

3. 以下不属于城市轨道交通票务系统内容的是（　　）。
A. 票卡管理　　　B. 规则管理　　　C. 信息管理　　　D. 换乘选择

4. 2010—2014年期间，北京地铁票制为（　　）。
A. 单一票制　　　B. 计程票制　　　C. 混合票制　　　D. 计时票制

5. 以下不属于计程票制特点的是（　　）。
A. 遵循"逐级递进、递远递减"原则
B. 能够精确反映价值与价格的关系
C. 乘客车费负担较重
D. 乘客乘坐的距离越长，单位乘车成本越低

二、判断题

1. 人工售检票系统也适合城市轨道交通领域使用。（　　）
2. 对乘客来说，按实际乘坐里程分段计价比按实际乘坐车站数更合理。（　　）
3. 对运营方来说，按实际乘坐里程分段计价比按实际乘坐车站数更赚钱。（　　）

4. 对乘客来说，按实际乘坐车站数计价比按实际乘坐区间数计价更合理。（   ）
5. 城市轨道交通票价既具有商品价格的共性，又具有交通运输产品的特性。（   ）

三、简答题

1. 简述城市轨道交通票务系统的内容。
2. 比较里程计程票制与区段计程票制的特点。

任务 2　认识城市轨道交通 AFC 系统

【任务目标】

1. 知识目标

（1）掌握城市轨道交通 AFC 系统的概念及组成。
（2）了解城市轨道交通 AFC 系统的架构及特点。
（3）熟悉城市轨道交通 AFC 系统的设备配置与布局要求。

2. 能力目标

（1）能准确说出城市轨道交通 AFC 系统组成部分。
（2）能正确辨别城市轨道交通 AFC 系统五种架构。
（3）能按要求画出城市轨道交通车站 AFC 系统设备布局图。

3. 思政与素养目标

（1）培养学生批判性思维能力和知识应用能力。
（2）培育学生自我反思、勤奋好学、积极进取的职业品质。

【任务描述】

1. 完成一份关于"互联网+"模式下自动售检票系统发展情况的调研报告。
2. 分析你所在或感兴趣的城市地铁车站终端设备配置情况。

【任务知识库】

知识库 1　城市轨道交通 AFC 系统及组成

一、城市轨道交通 AFC 系统概念及发展

1. 城市轨道交通 AFC 系统概念

城市轨道交通 AFC（Automatic Fare Collection system）系统，即城市轨道交通自动售检票系统，是基于计算机、通信、网络、自动控制等技术，实现售票、检票、计费、收费、统计、清分、管理等全过程的自动化系统，是城市轨道交通运营管理系统的核心子系统。该系统综合了机械、电子、通信、计算机等学科，实现了城市轨道交通运营环境中售票、进出站检票、数据统计和处理等环节的自动化，杜绝了人为因素的影响，极大地方便了乘客和车站工作人员。

视频 1.1　自动售检票系统概述

2. 城市轨道交通 AFC 系统功能

与人工售检票系统相比，自动售检票系统可以克服速度慢、财务漏洞多、出错率高、劳动强度大等缺点，在防止假票、杜绝人情票、防止工作人员作弊等方面优势明显；有利于提高系统管理水平，减轻工作人员劳动强度。自动售检票系统不仅是交通运输领域的发展趋势，也是城市信息化建设的重要体现。城市轨道交通自动售检票系统具有以下功能：

（1）有利于提高运营管理水平，保障企业票务收益；
（2）有利于管理责任落实，保证交易数据和票务信息的安全；
（3）有利于简化进出站操作，方便出行，提高乘客的出行效率；
（4）有利于提供准确的客流及票务统计分析数据；
（5）有利于减少现金交易、人工记账及统计工作，提高准确率和效率。

3. 城市轨道交通 AFC 系统发展

从 1998 年年底开始，AFC 系统在国内城市轨道交通逐步投入使用。如今，新建的城市轨道交通售检票系统都选用了 AFC 系统，系统设备更简化，卡票现象大为减少，维修工作量相应减少，方便了乘客，乘客无须从提包中取出车票也能方便地检票通过。

随着信息技术的应用，"互联网+"模式下移动支付发展迅速，银联云闪付、手机 NFC、支付宝、微信、刷脸等支付方式成为主流。新的支付方式有效解决了购票效率低、客流高峰期排队购票时间长等问题，也简化了运营管理相关环节，使自动售检票系统越来越需要通过互联网与第三方支付平台进行数据交换，对系统的可靠性、安全性、实时性和开放性的要求越来越高。未来城市轨道交通自动售检票系统的架构也将发生变化，由原来的五层架构演变成二层或三层架构，车票将逐步被手机 NFC 和二维码等虚拟电子票证代替。

二、城市轨道交通 AFC 系统组成

传统的城市轨道交通 AFC 系统根据业务模式自上而下，共分为清分系统 ACC（AFC Clearing Center）、线路中央计算机系统 LCC 或 LC（Line Central Computer）、车站计算机系统 SC（Station Computer）、车站终端设备 SLE（Station Level Equipment）及车票五个层次，如图 1-2 所示。

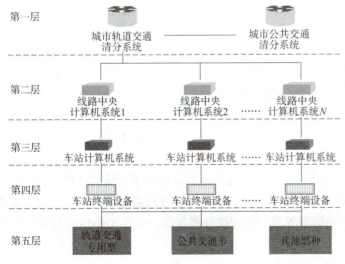

图 1-2 城市轨道交通 AFC 系统组成

视频 1.2 自动售检票系统组成及功能

这种层次结构按照全封闭的运行方式，以计程收费模式为基础，采用非接触式智能卡为车票介质的组成原则，根据各层次设备和子系统各自的功能、管理职能和所处的位置进行划分。在层次结构功能和数据分布的设计上，一方面满足城市轨道交通运营的集中式管理要求，另一方面满足各个层次在一定程度上独立运行的要求。

1. 车票

车票用于记载乘客的出行和费用等信息，是乘坐轨道交通的有效票据或凭证。早期城市轨道交通一般采用纸票作为车票，但随着计算机、网络通信、信息等技术的不断发展，先后出现了磁卡、智能卡和虚拟票卡。

2. 车站终端设备

车站终端设备安装在各车站的站厅，是直接为乘客提供售检票服务的设备，包括自动售票机、半自动售票机、自动检票机和自动充值机、分拣编码机等。

1) 自动售票机（TVM）

自动售票机是乘客自行操作的自动售票设备，能识别指定的硬币和纸币，可以找零；票箱或钱箱已满时会提示相关信息，设备的状态信息和运营数据会自动传输给车站计算机。

2) 半自动售票机（BOM）

半自动售票机用于辅助站务员处理各种票务事务，如车票发售、车票的充值、挂失，以及退票、验票和补票等，设备的状态信息和运营数据会自动传输给车站计算机。

3) 自动检票机（AGM）

自动检票机可对各类车票进行读写操作，进站时在车票上写入进站有关信息，出站时扣除乘车费用。出站检票机能自动回收单程票，并具有扇门紧急开启功能。

4) 自动充值机（AVM）

自动充值机用于乘客自助式对储值票用现金或扫码方式进行充值，具有分析车票和自动显示余额的功能，设备的状态信息和运营数据会自动传输给车站计算机。

5) 分拣编码机（E/S）

分拣编码机用于对车票进行批量的编码和分拣处理，采购回来的票卡均需要通过分拣编码机进行初始化处理后才能投入使用。

3. 车站计算机系统

车站计算机系统是管理车站级票务、运营、客流等的计算机系统，通常安装在车控室内，包括车站操作员控制计算机、车站网络控制计算机、监视器、紧急控制系统、网络系统及不间断稳压电源系统。其主要功能是对车站终端设备进行状态监控以及收集本站产生的交易和审计数据，规定系统数据管理、运营管理及系统维护管理的技术要求。

4. 线路中央计算机系统

线路中央计算机系统为线路级指挥中心，同时也是自动售检票系统的管理控制中心。由一组计算机组成的几个服务器和几个工作站，共同完成票务管理和运营监控等功能，主要包括中央主机（数据库服务器）、通信服务器、远程拨号服务器、中央工作站（监控、系统设置、数据库、网管工作站等）。

5. 城市轨道交通清分系统

城市轨道交通清分系统负责城市轨道交通线路间的账务清分、结算，由轨道交通"一票通"清分系统对单程票、储值票等交易数据进行采集和票务清分，并对线路自动售检票系统进行运营管理。城市公共交通清算系统负责一卡通车票的发行和管理,对该卡交易数据进行采集和资金清算,并对该卡参数进行管理。

知识库 2　城市轨道交通 AFC 系统架构与运行模式

一、城市轨道交通 AFC 系统架构

城市轨道交通 AFC 系统架构的选择与轨道交通网络结构、售检票方式、清分需求和车票媒介等相关,在城市轨道交通线网中,根据投资主体、运营管理、换乘方式、线路构成以及票务处理、票务结算等需求,确定 AFC 系统基本架构。

城市轨道交通 AFC 系统基本架构有线路式架构、分散式架构、区域式架构、完全集中式架构和分级集中式架构五种,如图 1-3 所示。

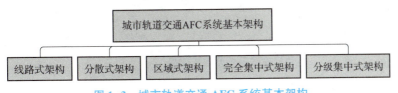

图 1-3　城市轨道交通 AFC 系统基本架构

视频 1.3　自动售检票系统架构

1. 线路式架构

1) 基本架构形式

线路式架构的自动售检票系统是根据符合运营线路独立管理自动售检票系统和票务的设想,在路网中表现系统架构形式,如图 1-4 所示。在线路式架构中,每条运营线路建有一套独立的自动售检票系统,包括中央计算机系终端设备和车票媒介。中央计算机系统完成线路轨道交通自动售检票的管理、票务统计和票务结算,并单独与外部卡清算系统连接,实现与外部卡清算系统的交易数据转发、对账和结算等。不同线路之间的自动售检票系统是彼此独立的,票务信息不能共享,无法满足站内跨线换乘票务清分的应用需求。

图 1-4　自动售检票系统线路式架构

2) 特点分析

从技术的角度看,线路式架构易实现,但无法实现跨线换乘。如果要实现跨线换乘,则需在各线路之上增加一个跨线换乘票务清分中心,由清分中心负责线路间的票款结算。

3) 适用性

线路式架构的自动售检票系统只适用单线式轨道交通线路和分离式轨道交通线路。

2. 分散式架构

1) 基本架构形式

城市轨道交通线网由若干个区域构成，每个区域由若干条线路组成，但各个区域相互独立，完成本区域线路的票务处理和运营管理，如图 1-5 所示。区域中心负责获取所管辖范围内线路的交易数据，确定其管辖范围内各线路的换乘结算模式，并对所管辖范围内各线路的跨线交易数据进行实时清分。由于区域中心是相互独立的，不能实现互联，因而乘客只能在区域内直接换乘，不能跨区域换乘。

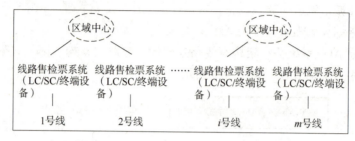

图 1-5　自动售检票系统分散式架构

2) 特点分析

从技术的角度看，分散式架构的线网可实现区域内换乘，但不能实现跨区域换乘。区域清分中心管辖的线路少，发生换乘的路径将大大减少，清分工作量相对较小。但不同区域清分系统之间的线路不可以直接换乘，给乘客带来了不便。

3) 适用性

分散式架构的自动售检票系统适用条状形区域管理的轨道交通线路及由一个投资和运营方管理的多条线路。

3. 区域式架构

1) 基本架构形式

区域式架构是在分散式架构和线路独立式架构的基础上设置一个路网中心，如图 1-6 所示，路网中心直接与独立线路的售检票系统连接，同时与区域中心连接，区域中心直接与所管辖线路的自动售检票系统连接。区域中心负责获取所管辖线路的交易数据，确定其管辖范围内各线路的换乘清分及结算方式。路网中心负责获取全路网交易数据，确定区域中心与其余各线路的换乘结算方式和数据公共接口，并对区域中心和其余各线路的跨线交易数据进行实时清分。

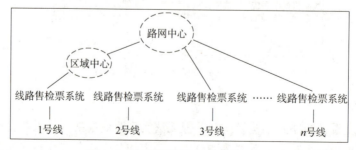

图 1-6　自动售检票系统区域式架构

2) 特点分析

从技术角度看，各线路收益的清分、统计和管理分布在两个不同的层面上，路网中心无法直接了解区域线路之间的清分数据,只能通过区域售检票系统查询相应的数据。从运营管理角度看,如果区域中心对应的线路由一家运营公司管理,则可将此区域视为一条线路,系统即可简化成一个区域中心;如果区域的线路由多家运营公司管理,则需从两个层面进行清分。

3)适应性

区域式架构的自动售检票系统能够适用于由区域式线路和独立线路构成的轨道交通网络。

4. 完全集中式架构

1)基本架构形式

完全集中式架构设置一个路网中心,线路上的车站计算机系统集中后,通过通信设备直接与路网中心连接,即不设置线路中心系统进行相应的清分,如图 1-7 所示。完全集中式架构的自动售检票系统的路网中心与各独立线路的车站系统直接连接,路网中心替代线路中心系统的职责,同时负责对各线路的清分、统计和管理。

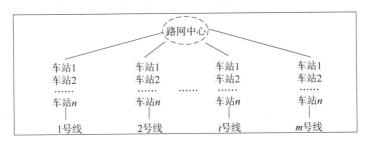

图 1-7　自动售检票系统完全集中式架构

2)特点分析

从技术的角度看,完全集中式系统架构清晰,可以实现路网内所有线路的换乘和清分,满足路网便捷化的需求。由于所有信息都由路网中心统一处理,故路网中心需要具备较大的存储容量、高速的处理能力和较强的可靠性。

3)适用性

完全集中式架构的自动售检票系统能够适用于单一线路或运营商和多个独立的运营方管理的多线路。

5. 分级集中式架构

1)基本架构形式

分级集中式架构是在线路式架构的基础上设置一个路网中心,路网中心负责获取全路网交易数据,确定各线路的换乘结算方式和数据公共接口,并对各线路的跨线交易数据进行实时清分,如图 1-8 所示。分级集中式架构自动售检票系统的路网中心直接与各独立线路售检票系统的线路中央计算机系统连接,清分交易数据的管理由路网中心与线路中央计算机系统共同完成。

2)特点分析

从技术的角度看,分级集中式系统架构清晰,可以实现路网不同线路的换乘和清分,满足路网捷运化和信息化的需求。从运营管理的角度看,分级集中式架构的售检票系统可以实现对全路网票款、客流的全面管理。

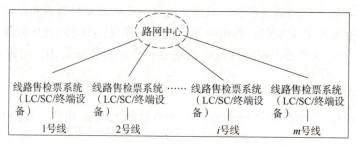

图1-8　自动售检票系统分级集中式架构

3）适用性

分级集中式架构的自动售检票系统能够满足当前城市轨道交通网络化运营的基本需求。

二、城市轨道交通 AFC 系统运行模式

城市轨道交通 AFC 系统运行模式是指针对车站不同的运营状态、条件所作出的相应操作行为的选择和实施，规定了各种运行情况下模式执行对象、模式执行时间和模式履历。系统运行模式执行对象为车站，模式执行时间（模式变更时间）为模式开始时间和结束时间，模式履历是由线路中心或清分中心记录非正常模式的模式类型、日期和所影响的车站等信息，通常以运营日为单位。

通过线路中央计算机系统或车站计算机系统的设置，可使 AFC 系统处于不同的运行模式，以应对列车故障、大客流或车站突发火灾等各种非正常情形。城市轨道交通 AFC 系统运行模式包括正常运行模式、降级运行模式及紧急放行模式，如图 1-9 所示。

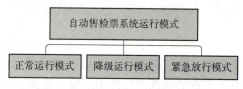

图1-9　自动售检票系统运行模式

❄ 知识库 3　城市轨道交通 AFC 系统设备配置与布局

一、城市轨道交通 AFC 系统设备配置与布局影响因素

城市轨道交通 AFC 系统设备配置主要解决设备选型和配置数量的问题，设备布局主要解决 AFC 系统设备空间布置的问题，影响城市轨道交通 AFC 系统设备配置与布局的因素主要有以下几个方面。

1. 车站站台、站厅层设计布局

车站站台、站厅层设计布局对付费区及自动检票机的设置有较大影响，从而影响车站 AFC 系统设备的配置和布局。比如，岛式站台车站、付费区的自动扶梯、步行楼梯设置在站厅的中央区域；客流量比较大的车站，在付费区两侧布置自动检票机，同时也会增加自动检票机数量。

2. 高峰小时进出站客流

高峰小时进出站客流的数量是决定车站 AFC 系统设备配置的主要因素，高峰小时进出

站客流的流向则是决定车站 AFC 系统设备布局的基本依据。根据客流统计资料数据分析，车站客流的进出站高峰小时出现时间与断面客流的高峰小时出现时间通常不同，车站客流的进站高峰小时与出站高峰小时出现的时间通常不同，工作日高峰小时进出站客流通常大于双休日高峰小时进出站客流，因此一般采用工作日高峰小时进出站客流流量作为计算车站 AFC 系统设备配置的依据。

3. AFC 系统设备使用能力

AFC 系统设备通过能力可以分为设计能力和使用能力。设计能力是理想状态下的设备能力，根据 AFC 系统文件提供的数据确定；使用能力是指车站 AFC 系统设备在单位时间内（通常为 1 min）的出票张数或通过人数。实践中，由于乘客特性、使用熟练程度、设备利用不均匀等原因，AFC 系统设备的使用能力小于设计能力。因此，在车站 AFC 系统设备配备数计算时，应考虑其使用能力。

4. 出入口数量

车站出入口数量对 AFC 系统设备配置会产生重要影响。一般来说，出入口数量与 AFC 系统设备配置呈正方向变动关系，即：出入口数量越多，所需设备越多。出入口数量与 AFC 系统设备的布局呈对应关系，即：设备布局依据出入口位置而定。

二、城市轨道交通 AFC 系统设备配置

1. 城市轨道交通 AFC 系统设备选型

城市轨道交通 AFC 系统设备选型是指根据拟建项目的生产能力和技术方案，来确定设备的型号与规格，即从多种可以满足相同需要的不同型号、规格的设备中，经过技术经济的分析评价，合理选择设备，使有限的资金发挥最大的经济效益。设备选型应遵循技术上先进、经济上合理、质量上可靠和维修上方便等原则。

2. 城市轨道交通 AFC 系统设备配置数量

城市轨道交通 AFC 系统设备配置数量的确定，基础数据就是客流。客流预测数据包括近/远期早高峰客流预测（高、低方案）数据、晚高峰客流预测（高、低方案）数据、全天客流预测（高、低方案）数据。理论计算时选取的客流数据为近/远期早高峰客流预测（高方案）数据。除客流数据外，其他的基础数据还有：各站超高峰系统数据、换乘站的换乘系统数据、近/远期高峰小时列车运行交路、近/远期自动售票机使用率、近/远期单程票使用率、闸机每分钟通过能力、自动售票每分钟售票能力。其中，近/远期高峰小时列车运行交路主要是确定列车小时行车对数。所有基础计算数据确定之后，才可对 AFC 系统设备进行理论值的计算。

1) 设备数量理论计算

（1）自动售票机。

自动售票机数量 = (远期车站高峰小时上车人数×超高峰系数×单程票比例×处理单程票比例)/自动售票机处理能力

（2）进站闸机。

进站闸机数量 = $\sum$ [(远期车站高峰小时上车人数×超高峰系数×入口部不均衡系数)/进站闸机处理能力]

（3）出站闸机。

根据客流计算：

数量 1 = $\sum$ [(远期车站高峰小时下车人数×超高峰系数×出口部不均衡系数)/出站闸机处理能力]

根据车站乘客传输设备计算：

$$数量2 = \sum [远期车站出口配置自动扶梯的台数 \times (自动扶梯的输送能力/出站闸机处理能力)]$$

根据紧急情况时客流疏散计算：

$$数量3 = [远期整列车载客量 + (远期车站高峰小时上车人数 \times 超高峰系数 \times 列车间隔时间/60)]/疏散时间/通道的通过能力$$

最终出站闸机计算：

$$出站闸机 = Max(数量1, 数量2, 数量3)$$

（4）半自动售票机。

$$半自动售票机数量 = [远期车站高峰小时上车人数 \times 超高峰系数 \times (单程票比例 \times 处理单程票比例 + 储值票比例 \times 处理储值票比例 \times 充值比例)]/票房售票机处理能力$$

上述设备数量仅是理论计算数据，实际的设备数量还应考虑车站的建筑平面布置、出入口的数量、客服中心的布置等。此外，还应考虑设备的余量，各车站使用单程票、储值票的比例，是否存在客流集中进出站的现象等，由此确定符合实际需求的设备数量。

2）设备数量实际计算

设备数量实际公式计算出来的进/出闸机通道数、自动售票机台数并不是实际配置的数量，考虑到将来一些无法预测的因素，首先将计算值取 10% 或 20% 的富余量。另外，出站闸机除满足上述原则之外，还要满足一个原则：出站闸机通道数应大于等于进站闸机通道数，因为出站客流具有瞬时、较集中的特点，而进站客流则呈零散、分散特点。

三、城市轨道交通 AFC 系统设备布局

1. 一般车站设备布局

（1）自动售票机安装在非付费区，一般情况下，每组自动售票机数量不少于 3 台，且与车站出入口、进站闸机位置相协调，以方便乘客使用、不影响安全疏散为原则。

（2）进、出站和双向闸机设置在付费区和非付费区的分隔带上。通道净距不小于 520 mm，双向闸机标准通道净距为 520 mm，宽通道闸机通道净距为 900 mm。

（3）半自动售票机安装在车站客服中心内，以方便处理售票、充值、补票和车票更新等乘客票务事务。

（4）进站闸机、出站闸机的布置应满足每组闸机不少于 4 通道的要求，闸机应尽量集中布置，以减少群数。

（5）在布局时，除需考虑设备计算参数的取值及布置原则外，还应考虑尽量减少购票、进站、出站等不同客流的交叉，同时充分考虑客流量及运营管理的需求，分别建立相应的购票、进站及出站功能区，功能区预留足够的缓冲区域，并适当进行调整。

2. 换乘车站设备布局

换乘车站客流量大，设备布局需重视站内客流组织的问题，防止进站、出站和换乘客流交叉。换乘站设备的布置应坚持以人为本，尽量缩短换乘距离，使换乘客流流线明确、简捷，方便乘客换乘。在与机场、客运站等大型交通枢纽换乘的车站，根据实际情况可在客服中心附近设置宽通道双向检票机，便于带大件行李的乘客通行；在客运站、旅游景点等附近的车站应适当多配置一些自动售票机，以方便外地乘客购票。

【任务实施】

（1）结合本项目内容，完成本次社会调查研究，形成一份关于"互联网+"模式下自动售检票系统发展情况的调研报告。要求：报告以PPT形式展示，条理清晰、内容丰富、图文并茂，主要围绕以下主题展开。

①你所在的或感兴趣的城市地铁车站云售票机或互联网取票机（iTVM）、智能客服机（iBOM）、云闸机（iAGM）的应用情况。

②比较传统自动售票机和云售票机的异同。

（2）通过实地调研或查阅资料，分析你所在或感兴趣的城市地铁车站终端设备配置情况，完成表1-4所列表格。

表1-4 地铁车站终端设备配置

运营企业： 　　　　　　　　　　线路及车站：

序号	车站终端设备名称	配置情况	配置位置
1			
2			
3			
4			
5			
6			

【任务评价】

评价方法：以小组为单位进行评价，评价主体为教师和学生，教师评价占60%，小组自评占20%，组间互评占20%，见表1-5。

表1-5 任务评价

序号	评价标准	分数	评分记录		
			小组自评	组间互评	教师评价
1	小组成员的参与情况	20			
2	小组成员的分工情况	5			
3	PPT内容及页面设计	40			
4	车站终端设备描述的准确性	30			
5	任务提交的及时性	5			

【巩固与练习】

一、选择题

1. 以下不属于车站计算机系统功能的是（　　）。

A. 接受线路中央计算机系统下发的系统运行参数、运营模式和黑名单等，并下传给车

站检票设备

B. 采集车站售检票设备的原始交易数据和设备状态数据，并上传给线路中央计算机系统

C. 人工售检票，能完成对账功能

D. 对车站售票设备进行实时监控，并能显示设备的通信、运营状态及故障等信息

2. 在 AFC 系统架构中，下面哪不属于车站终端设备的是（　　）。

A. 自动售票机　　　　B. 票务工作站　　　　C. 进站检票机　　　　D. 出站检票机

3. 中央计算机系统位于 AFC 哪一层？（　　）。

A. 第五层　　　　　　B. 第四层　　　　　　C. 第三层　　　　　　D. 第一层

4. 下列不属于自动售检票系统功能的是（　　）。

A. 超程超时处理　　　B. 发售单程票　　　　C. 储值票充值　　　　D. 发售应急纸票

5. 下列不属于完全集中式架构特点的是（　　）。

A. 设置一个路网中心

B. 设置线路中心

C. 路网中心需要具备较大存储容量和高速处理能力

D. 能满足路网便捷化的需求

二、判断题

1. 自动售票机用于出售单程票，只接受纸币。　　　　　　　　　　　　　　（　　）

2. 可通过中央计算机系统、车站计算机系统将车站终端设备设置为运营故障模式，并做好相关记录，以先设的为优先。　　　　　　　　　　　　　　　　　　　　　（　　）

3. 线路中央计算机系统负责线网内各层面操作权限的管理。　　　　　　　　（　　）

4. 中央计算机系统有备份和灾难恢复功能。　　　　　　　　　　　　　　　（　　）

5. 在紧急情况下，车站值班员按下紧急按钮，控制所有自动检票机呈禁止通行状态，禁止乘客进入车站。　　　　　　　　　　　　　　　　　　　　　　　　　（　　）

三、简答题

1. 比较分析完全集中式架构和分级集中式架构的异同。

2. 比较分析区域式架构和分级集中式架构的异同。

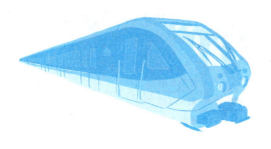

项目 2

城市轨道交通票卡认知

 项目导读

票卡用于记载乘客的出行信息和费用信息,是乘客乘坐轨道交通的有效票据或凭证。票卡的媒介经历了纸质、磁卡、智能卡等,当前城市轨道交通领域使用的车票为非接触式票卡,随着移动支付的普及,虚拟票卡成为发展趋势。城市轨道交通车票主要分为专用票和非专用票两大类型,各具特色,其使用也有区别,取决于当地运营企业的规定。

项目结构图

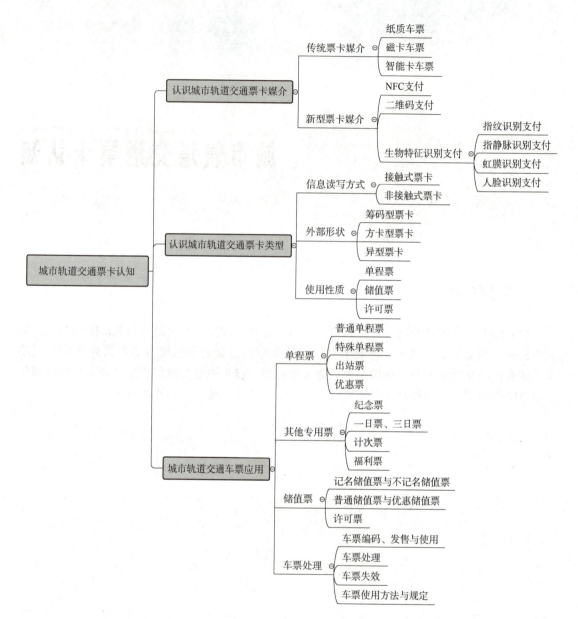

任务1 认识城市轨道交通票卡媒介

【任务目标】

1. 知识目标

（1）熟悉纸质、磁卡、智能卡等传统媒介车票的特点。

（2）了解智能支付虚拟票卡的应用原理，熟悉虚拟票卡的种类。

2. 能力目标

（1）能概括纸质、磁卡、智能卡等传统媒介车票的特点。

（2）能准确说出虚拟票卡的应用及特点。

3. 思政与素养目标

（1）培养学生的知识迁移能力和比较分析能力。

（2）培育学生的爱国意识和科技报国意识，增强民族自豪感。

【任务描述】

（1）比较纸质、磁卡、智能卡等传统媒介车票的特点及应用情况。

（2）比较城市轨道交通新型票卡媒介的特点及应用情况。

【任务知识库】

知识库 1　城市轨道交通传统票卡媒介

一、城市轨道交通票卡媒介

城市轨道交通票卡用于记载乘客的出行信息和费用信息，是乘坐轨道交通的有效票据或凭证。根据不同的分类标准，城市轨道交通票卡可以分为多种类型，每种类型的票卡都有其自身特点。

城市轨道交通票卡上记载了相关乘车信息，这些信息成为乘客完成行程的基础资料，因此也将其称为票卡媒介。传统的票卡媒介有纸质车票、磁卡车票和智能卡车票，随着移动支付的不断普及，NFC 支付、二维码支付及指纹、人脸等生物特征识别支付作为新型的虚拟票卡媒介正日益发挥着重要作用，如图 2-1 所示。

视频 2.1　车票概述

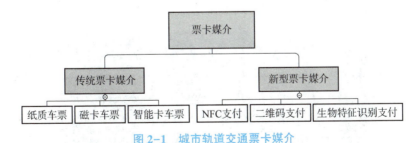

图 2-1　城市轨道交通票卡媒介

二、城市轨道交通传统票卡媒介

1. 纸质车票

早期地铁一般采用纸质车票，纸质车票是将站名、乘车区间、日期和票价等所有信息直接印刷在车票上，由人工或自动方式售票，通过视读或扫描仪确认票面信息，分为普通纸票和条形码纸票两种。目前，纸质车票只在特殊情况下使用。

视频 2.2　纸质车票

1) 普通纸质车票

普通纸质车票将车票的相关信息印制在票面上，由票务人员确认。票面上的基本信息包括车票编号、出票站点、乘车日期、乘车车次、乘车区间、票款金额、时间限制以及换乘等信息，如图2-2所示，既对购票人有明示作用，同时也便于票务人员检查核对。

图2-2 城市轨道交通普通纸质车票

（1）特点。

普通纸质车票的售检票工作由人工完成，通常需要大量工作人员，效率低下，且只能使用一次，容易造成资源浪费，在管理上也存在漏洞。此外，由于信息都印制在票面上，而且票面内容布置相对固定，所以保密性不佳，容易伪造。

然而，在设计普通纸票时，可根据当时社会环境来确定票面相关信息，充分反映当时的时代背景及特征，因而具有纪念意义和收藏价值，也可以作为对外宣传的载体。

（2）适用性。

普通纸质车票上的信息是制度信息，只能用作单程票或特殊票，不可作为储值票使用。

2）条形码纸质车票

条形码纸质车票的信息是通过条形码编码实现的，即将宽度不等的多个黑条和空白，按照一定的编码规则排列，用以表达一组信息的图形标识符。条形码车票票面除印有基本票务信息外，还应印有相关标志，以供条形码系统识读，如图2-3所示。

图2-3 城市轨道交通条形码纸质车票

条形码的扫描需要扫描器，扫描器利用自身光源照射条形码，再利用光电转换器接收反射的光线，将反射光线的明暗转换成数字信号。

（1）特点。

与普通纸质车票相比，条形码车票具有信息存储量较大、自动识别速度较快、读码效率较高、纠错能力较强等特点，可提高检票系统的处理速度和识别性能，有利于车票的自动化检测。条形码的大小、长短可以任意调节，能够打印在狭小的空白空间。条形码车票虽在一定程度上增加了车票成本，但可提高防伪能力和检票速度。但条形码纸票信息容量总体有限，可以拷贝复制，安全性不高。

（2）适用性。

条形码纸票应用于不同的场合，在城市轨道交通领域只能用作单程票或特殊票，也可用于铁路线路旅客运输车票。

2. 磁卡车票

磁卡车票是一种磁介质记录卡片，由高强度、耐高温的塑料或纸质涂覆塑料制成，能防潮、耐磨且具有一定的柔韧性，携带方便，使用较为稳定可靠。

1）构成

磁卡车票通过卡片上的磁性载体记录信息，由磁卡读写设备获取信息，信息可存储、修改。通常磁卡的一面印刷有说明、提示性信息，如插卡方向；另一面则有磁层或磁条，具有2个或3个磁道，以记录有关信息，大部分磁卡上还有定位孔槽等标志，如图2-4所示。

图2-4　城市轨道交通磁卡车票

2）设计

磁卡车票的设计首先要满足系统的技术要求；其次票卡的大小要尽可能地标准化；最后根据需要设计各种图案、文字、号码及使用环境，确定信息储存的磁道。ISO 7810—1985 识别卡规定了磁卡的物理特性，包括卡的材料、构造和尺寸，见表2-1。

表2-1　磁卡尺寸　　　　　　　　　　　　　　　　　　　mm

长度	85.47~85.72
宽度	53.92~54.03
厚度	0.76±0.08
圆角半径	3.18

注：一般卡的尺寸为85.5×54×0.76。

> **资料卡**
>
> **ISO 7810 介绍**
>
> ISO 7810，是身份证、银行卡等国际标准，分为 ID-1、ID-2、ID-3 及 ID-000 四种。
>
> ID-1：ID-1 的规定尺寸为 85.60 mm×53.98 mm（3.370 in[①]×2.125 in），常用于身份证、银行卡（如提款卡、信用卡）、驾照、个人名片，以及商店发出的忠实顾客卡等，其长宽比与黄金分割（1.618∶1）接近。ISO 7813 规范了 ID-1 塑胶银行卡的附加特性，包括 0.76 mm 厚度及 R3.18 mm 半径的圆角。
>
> ID-2：ID-2 的规定尺寸为 105 mm×74 mm（4.134 in×2.913 in），与 A7 尺寸相同，比 ID-1 稍大，能容纳更清晰的容貌照片，可置于钱包中。此标准为德国身份证等所使用。
>
> ID-3：ID-3 的规定尺寸为 125 mm×88 mm（4.921 in×3.465 in），与 B7 尺寸相同，用于多种护照及签证上。
>
> ID-000：ID-000 的规定尺寸为 25 mm×15 mm，主要用于 SIM 卡上。

3）特点

(1) 优点。

磁卡车票可以机读，提高了自动化程度，可以批量生产；防潮、耐磨、携带方便，使用较为稳定；可循环使用，降低了能源消耗，且保密性比纸质车票好。

(2) 缺点。

磁条读写次数有限，易受到外界磁场因素的干扰而改变存储内容；磁卡密钥随票携带，容易被拷贝伪造；自动售检票系统频繁地对磁卡车票进行接触式读写，需要投入大量的人力、物力对磁头进行消磁和除尘清洗等。

4）适用性

磁卡车票属于接触型的磁卡，在使用磁卡时必须将卡片插进各种各样的磁卡机内，通过机器内部的磁头或者电气接头接触磁卡表面上的磁条来读取或记录信息。直接接触的读写方式，不适应端口数量较多且通信速度需求较快的场合。

3. 智能卡车票

智能卡又称 IC 卡、芯片卡，即将一个专用的集成电路芯片镶嵌于符合 ISO/ICE 7816 标准的塑料基片中，封装成外形与磁卡类似的卡片形式。智能票卡记录数据的介质是卡片内的集成电路芯片，可以直接与存储器或处理器进行数据存取，封装后可以通过射频技术与读写器间进行无接触式的信息交换。智能卡作为现代社会信息处理和传递的一种新型工具，已在多领域广泛应用。

[①] 1 in＝2.54 cm。

> **资料卡**
>
> ## ISO 7816 介绍
>
> ISO 7816 是接触式智能卡的国际标准，该标准规定了 ID-1 型带触点集成电路卡的基本技术要求，主要包括物理特性、记录方法和物理接口要求，主要定义了该类卡的基本物理特性、电气信号和传输协议，规定了该类卡和终端间的电源、电气信号协议和信息交换协议，涉及卡的信号频率、电压值、电流值、校验、操作规程和传输与通信协议等。

1) 分类

按集成电路芯片不同，智能卡可分为存储器卡、逻辑加密卡、CPU 卡和超级智能卡；按读写方式不同，智能卡可分为接触式卡和非接触式卡；按外观形状不同，智能卡可分为卡片式卡、筹码式卡和异型卡。

存储器卡的卡内芯片仅具有数据存储功能，没有数据处理能力，卡本身无硬件加密功能，只在文件上加密，很容易被破解。逻辑加密卡带有加密逻辑，每次读卡之前要先进行密码验证，在一定程度上保护了卡和卡中数据的安全，但无法防止恶意攻击。CPU 卡有良好的处理能力和保密性能，使其成为智能卡发展的主要方向，适用于保密性要求特别高的场合。超级智能卡具有指纹识别装置。

2) 特点

与磁卡车票相比，智能卡车票具有存储容量大、安全保密性好等特点。磁卡的存储容量大约在 200 个数字字符，智能卡的存储容量小的几百个字符，大的上百万个字符。智能卡上的信息可读取、修改、擦除，但都需要密码。

3) 适用性

智能卡车票分为接触式和非接触式两种，接触式票卡在使用时必须将卡片插进读写器内，通过机器内部的电气接头接触卡表面上的芯片来读取或记录信息，适用于安全要求高、通信速度需求不快的场合。非接触式票卡无须与读写器直接接触，适用于安全要求不高、通信速度需求较快的场合。

❀ 知识库 2　城市轨道交通新型票卡媒介

一、城市轨道交通新型票卡媒介

随着移动互联网、云计算、大数据等新信息技术的应用与发展，"互联网+"智能支付在日常生活中的应用越来越广。在城市轨道交通领域，信息化建设和数字化转型正加速推进，刷卡支付模式逐步被"互联网+"智能支付模式所取代，智慧出行生态体系逐步形成。车票媒介也正在发生变化，以 NFC 支付、二维码支付和人脸识别支付为代表的新型虚拟票卡媒介正日益发挥作用。

1. NFC 支付

NFC（Near Field Communication）支付，即近距离无线通信支付，是指消费者采用 NFC 技术，通过手机等手持设备完成支付，是新兴的一种移动支付方式。NFC 技术是一种短距离的高频无线通信技术，不需要使用移动网络，允许电子设备之间进行非接触式点对点的数据传输和数据交换。NFC 芯片具有互相通信功能，并具有计算能力。该技术由 RFID 射频识别演变而来，兼容 RFID 技术，主要用于手机等手持设备中，应用 NFC 技术的手机相当于把手机变成了支付终端，可以直接刷机支付。

2. 二维码支付

二维码作为一种全新的信息存储、传递和识别技术，相对于一维码，其具有高密度性、高纠错能力、可对图文信息进行编码加密、快速生成传递、零附着性及成本低等优点，现广泛应用于交通运输等领域。目前，应用最为广泛的二维码为 QR 码（Quick Response Code，快速响应矩阵码）和 DM 码（Data Matrix Code，数据矩阵码）。在国内城市轨道交通领域，广州地铁 2016 年率先推出 QR 码支付模式，其他开通了城市轨道交通系统的城市也在普及推广。

QR 码呈正方形，只有黑、白两色，由编码区域及包括版本信息、格式信息、分隔符、定位标志和校正标志等功能的图形组成；在其 4 个角落的其中 3 个，印有较小、像"回"字的正方图案，这 3 个正方形图案是帮助解码软件定位的图案，使用者不需要对准，无论以任何角度扫描，信息均可被读取。

3. 生物特征识别支付

随着人们工作及生活节奏的加快，加上城市轨道交通车站客流增长迅速，乘客对过闸机的通行速度提出了更高的要求。自动售检票系统是城市轨道交通智能化设备的重要组成部分，进、出站闸机是面向乘客服务的关键设备。近年来，在进、出站闸机上部署各种乘客身份校验支付手段已成为城市轨道交通行业的创新发展方向。

1）指纹识别支付

指纹识别支付首先需设置指纹提取设备，用于采集乘客指纹，注册乘客个人账户；其次需要在闸机上安装指纹识别模块，通过采集过闸乘客的指纹，与清分后台乘客账户信息进行比对，比对结果若匹配则放行。该支付方式的缺点是：无法做到无感同行，指纹磨损、手指干湿等情况会影响指纹读取，不适用于轨道交通密集的大客流场景。

2）指静脉识别支付

指静脉识别支付与指纹识别基本相同，乘客支付时需主动按压进、出站闸机的指静脉识别装置，其缺点是：无法做到无感同行，识别速度慢，不适用于轨道交通闸机快速通行的要求。

3）虹膜识别支付

虹膜识别技术是基于人体眼睛中的虹膜作为识别和判断的依据，人眼的外观由巩膜、虹膜、瞳孔三部分构成，其中，虹膜由许多皱褶、色素斑和腺窝等构成，包含了丰富的纹理信息，其形成具有很大的随机性，即使是同一个人左、右眼中的虹膜，也是完全不一样的。人眼虹膜完全成形后，只要双眼不遭受重大创伤，虹膜就会保持终身不变，不会因为年龄、近视等因素而产生变化。

虹膜识别技术需要提取乘客虹膜特征密码进行注册，具有良好的精准度、稳定性和防伪性等优点，但其缺点也较明显：乘客进、出站闸机需要用不戴眼镜的裸眼对准虹膜识别设备，读取时对光线等环境要求较高，识别速度不快，不适用于快速响应场合。

4）人脸识别支付

人脸识别是随着光电技术、微计算机技术、图像处理技术与模式识别等技术的快速发展应运而生的，也是一种基于人的相貌特征信息进行身份认证的生物特征识别技术，其最大的特征是能避免个人信息泄露，并采用非接触的方式进行识别。整个交易过程十分便捷，具有识别精准、快速高效等特点，适用于在快速响应的场合下使用。其缺点有：人脸特征如发生变化，设备可能无法识别；采用虚拟仿真技术容易伪造等。

【任务实施】

（1）分组讨论，比较纸质、磁卡、智能卡等传统媒介车票的特点及应用情况，见表2-2。

表2-2　传统媒介车票的特点及应用

传统票卡媒介	优点	缺点	应用情况
普通纸质车票			
二维码纸质票			
磁卡车票			
智能卡车票			

（2）实地调研或查阅资料，比较城市轨道交通新型票卡媒介的特点及应用情况，见表2-3。

表2-3　新型票卡媒介的特点及应用

新型票卡媒介		优点	缺点	应用情况
NFC支付				
二维码支付				
生物特征识别支付	指纹识别支付			
	指静脉识别支付			
	虹膜识别支付			
	人脸识别支付			

【任务评价】

评价方法：以小组为单位进行评价，评价主体为教师和学生，教师评价占60%，小组自评占20%，组间互评占20%，见表2-4。

表2-4　任务评价

序号	评价标准	分数	评分记录		
			小组自评	组间互评	教师评价
1	小组成员的参与情况	20			
2	小组成员的分工情况	5			
3	车票媒介特点概括的完整性	25			
4	应用情况描述的全面性	45			
5	任务提交的及时性	5			

【巩固与练习】

一、选择题

1. （　　）是基于计算机、通信、网络、自动控制等技术，实现轨道交通售票、检票、计费、收费、统计、清分、管理等全过程的自动化系统。

　　A. 自动售检票系统　　　　　　　　　　B. 半自动售检票系统
　　C. 人工售检票系统　　　　　　　　　　D. 票务系统

2. 下列有关票卡媒介描述不正确的是（　　）。

　　A. 纸票一般用于车站应急备用
　　B. 磁卡车票密钥不随票携带，不容易被拷贝伪造
　　C. 接触式IC卡车票存在芯片容易脱落、静电击穿等问题
　　D. 地铁单程票有筹码型和方卡型两种，均为非接触式IC卡车票

3. 深圳地铁单程票采用（　　）。

　　A. 筹码型　　　　B. 方卡型　　　　C. 异型　　　　D. 以上都不对

4. 下列有关磁卡车票描述不正确的是（　　）。

　　A. 使用稳定可靠
　　B. 无使用方向
　　C. 标准化卡
　　D. 易受到外界磁场因素的干扰而改变存储内容

5. 下列有关智能卡车票描述不正确的是（　　）。

　　A. 通过芯片可以直接与存储器或处理器进行数据存取
　　B. 存储容量大
　　C. 保密性好
　　D. 均无须与读写器直接接触

二、判断题

1. 城市轨道交通票卡是乘坐轨道交通的有效票据或凭证。（　　）
2. 城市轨道交通纸票现已完全退出历史舞台，无应用价值。（　　）
3. 磁卡车票具有存储容量大、安全保密性好等特点。（　　）
4. 从实际应用情况看，指纹识别支付不适用于轨道交通密集、大客流场景。（　　）
5. 人脸识别适用于在快速响应的场合下使用。（　　）

三、简答题

1. 概括描述接触式票卡与非接触式票卡的特点。
2. 简述"互联网+"智能支付给AFC系统构成带来的影响。

任务2　认识城市轨道交通票卡类型

【任务目标】

1. 知识目标

（1）熟悉接触式票卡与非接触式票卡的特点。

（2）了解筹码型票卡与方卡型票卡的应用情况。

2. 能力目标

能比较接触式票卡与非接触式票卡的异同。

3. 思政与素养目标

（1）培养学生的知识应用能力和解决问题能力。

（2）培育学生学以致用、知行合一的职业品质。

【任务描述】

调研国内城市轨道交通运营企业筹码型和方卡型票卡的应用情况。

【任务知识库】

知识库 1　接触式票卡与非接触式票卡

城市轨道交通票卡按信息读写方式不同，分为接触式票卡和非接触式票卡两种，如图 2-5 所示。

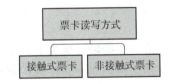

图 2-5　城市轨道交通票卡读写方式分类

一、接触式票卡

接触式票卡是指在进行读写操作时，卡片必须插入读卡器的卡座中，通过触点与读卡设备交换信息。磁卡、接触式智能卡均属于接触式票卡。

1. 磁卡

磁卡通过卡上磁条的磁场变化来存储信息，借助于机器内部的磁头或者电气接头接触磁卡表面上的磁条来读取或记录信息。

2. 接触式智能卡

1）接触式智能卡的组成

接触式智能卡通过读写设备的触点与芯片触点的接触进行数据读写，卡片内封装的集成电路芯片可以记录并刷新所存储的内容。在使用时，其通过有形的电极触点将卡的集成电路与外部接口设备直接接触连接进行数据交换。

接触式智能卡一般由塑料基片、电极膜片及集成电路芯片构成。

塑料基片：多为聚氯乙烯（PVC）材质，也有的为普通塑料或纸质材质。

智能卡接触面：金属材质，一般为铜制薄片，集成电路的输入/输出端连接到大的接触面上，这样便于读写器的操作，大的接触面也有助于延长卡片的使用寿命；触点一般有 8 个，有的智能卡设计成 6 个触点。

智能卡集成电路芯片：通常较薄，在 0.5 mm 以内，直径大约为 0.25 cm，一般呈圆形，也有呈方形的，内部芯片一般有 CPU、RAM、ROM、EEPROM。

2）接触式智能卡的规格

接触式智能卡的外形尺寸应符合 ISO/IEC 7810 的有关规定，见表 2-5。

表 2-5 接触式智能卡规格 mm

卡的类型	宽度	高度	厚度
ID-1 型	85.60	53.98	0.76

3）接触式智能卡的特点

与接触式磁卡相比，接触式智能卡具有存储容量大、安全、保密性好和使用寿命较长等优点，但也存在弊端：

（1）在读写器上经常拔插造成的磨损导致接触不良，从而引起数据传输错误，并且卡与读写器之间的磨损也大大缩短了卡和读写器的使用寿命。

（2）由于集成电路芯片在卡片表面裸露，故容易造成芯片脱落，静电击穿，弯曲、扭曲损坏等问题。

（3）通信速率较低，再加上插拔卡的动作延误，造成每一笔交易均需要较长时间的等待，严重影响其在需要快速响应场合的应用。

二、非接触式票卡

与接触式票卡相比，非接触式票卡免接触，减少了响应时间，方便乘客使用。非接触式智能卡及指纹、刷脸等生物特征识别支付均属于非接触式票卡。

1. 非接触式智能卡的组成

非接触式票卡主要是非接触式智能卡，通过卡的收发天线与读写设备交换信息，由芯片、感应天线组成，封装在一个标准的塑制卡片内，芯片及天线无任何外露部分。卡片在一定距离范围（通常为 5~10 cm）靠近读写器表面，通过无线电波的传递来完成数据的读写操作。非接触式智能卡解决了无源和免接触难题，是电子器件领域的一大突破。

非接触式智能卡由芯片、感应天线组成，并完全密封在一个标准塑制卡片中，无外露部分，如图 2-6 所示。

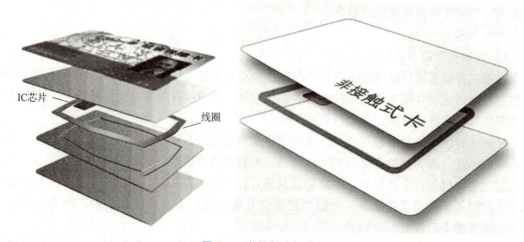

图 2-6 非接触式智能卡

2. 非接触式智能卡的规格

非接触式智能卡的物理特性应符合 ISO/IEC 14443—2016 的有关规定，其规格符合 ISO/IEC 7810 的规定。

> **资料卡**
>
> ### ISO 14443 介绍
>
> ISO 14443 协议是 Contactless Card Standards（非接触式 IC 卡标准）协议。由于非接触式 IC 卡在通信时，其读写器是通过无线电射频来传输数据的，所以其双方必须遵守完全相同的通信协议标准才能达到正常的通信要求。目前，国内常用的非接触式 IC 卡标准协议为 ISO 14443A、ISO 14443B、ISO 15693 等。不同协议标准下，对应不同的 IC 卡。

3. 非接触式智能卡的特点

1）可靠性高

非接触式智能卡与读写器之间无机械接触，避免了由于接触读写而产生的各种故障。例如：由于粗暴插卡、非卡外物插入、灰尘或油污导致接触不良造成的故障。此外，非接触式智能卡表面无裸露芯片，无须担心芯片脱落、静电击穿、弯曲损坏等问题，既便于卡片印刷，又提高了卡片的使用可靠性。

2）操作方便

由于非接触通信，故读写器在 10 cm 范围内就可以对卡片进行操作，使用时没有方向性，卡片在任意方向掠过读写器表面即可完成操作，大大提高了使用速度。

3）防冲突

非接触式智能卡中有快速防冲突机制，能防止卡片之间出现数据干扰。因此，读写器可以"同时"处理多张非接触式智能卡，可提高系统的工作速度。

知识库 2　筹码型、方卡型与异型票卡

城市轨道交通票卡按外部形状不同，可分为筹码型、方卡型和异型三种，均为非接触式票卡，如图 2-7 所示。

一、筹码型票卡

筹码型票卡由塑料材料制作，呈圆形，是在直径为 30 mm、厚度为 2 mm 的非金属材料圆盘内嵌装集成电路芯片及天线，通过电感耦合的方式与筹码读写器进行操作的智能卡，简称筹码，如图 2-8 所示。

广州地铁是世界上首家使用筹码型智能卡单程票的城市轨道交通运营企业，国内其他城市地铁如深圳、天津、南京、武汉、长沙、南昌、福州、南宁等也使用筹码型单程票。

二、方卡型票卡

方卡型票卡又称为标准智能卡，尺寸规格与磁卡相同，大小适中、携带方便，广泛应用于各个领域。其工作原理与筹码型智能卡类似，如图 2-9 所示。

北京地铁是国内首家使用方卡型智能卡单程票的城市轨道交通运营企业，国内其他城市地铁如上海、杭州、重庆、成都、沈阳、青岛、苏州、无锡、宁波、郑州、合肥等也使用方卡型单程票。

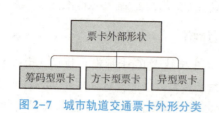

图2-7 城市轨道交通票卡外形分类

图2-8 城市轨道交通筹码型车票

图2-9 城市轨道交通方卡型车票

筹码型票卡与方卡型票卡在终端设备、系统结构和应用软件等方面基本一致。筹码型票卡的传送可依靠重力和滚动,显然筹码型车票的处理装置结构更为简单,维护工作量也小,但由于筹码型票卡尺寸小,故容易丢失。方卡型票卡要依靠专门的传输装置,终端设备的结构及维护等比较复杂,但携带比较符合乘客的使用习惯。

三、异型票卡

异型票卡并不是某种类型的票卡,凡形状上不规则的票卡均可称为异型票卡。无论是筹码型还是方卡型,其规格都符合统一标准要求。如今由于个性的需求,出现了不少形形色色的非标准卡,如长方形、三角形、椭圆形或其他不规则形状,如图2-10所示。

异形票卡可以充分体现个性化的要求,携带方便。但是这类卡片受到卡面面积和形状的制约,卡内芯片的形状和大小受到限制,且由于外部封装工艺不同,制作工艺更复杂,成本相对较高,感应效果比标准形状票卡较差。

❉ 知识库3 单程票、储值票与许可票

城市轨道交通票卡按使用性质可分为单程票、储值票和许可票三种类型,如图2-11所示。单程票、储值票和许可票等不同性质车票的特点及使用将在任务3中详细叙述。

一、单程票

单程票是指乘客以一定金额购得的单次出行服务的凭证,乘客凭票可进行一次进站和出

站行为。单程票只能在本站进站，且当天有效，出站时由出站闸机回收。如果超出规定车站或里程数目，则需要另外支付超程费用。通过系统参数设置，可以定义单程票的有效期限和区间。

图 2-10　城市轨道交通异型车票

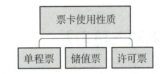

图 2-11　城市轨道交通票卡使用性质分类

二、储值票

储值票是指车票内预存一定资金，在金额足够的情况下可多次使用的车票，每次使用时根据乘车里程出站扣费，出站不回收，可反复充值使用。

三、许可票

许可票是一种不同于单程票和储值票的特殊票种，由城市轨道交通运营企业根据某种特殊需要，赋予特定使用许可的车票，主要有公务票、车站工作票和测试票等。

【任务实施】

实地调查或查阅资料，讨论国内城市轨道交通运营企业票卡情况，完成表 2-6 所列表格。

表 2-6　国内城市轨道交通运营企业票卡情况

序号	运营企业	单程票外部形状	储值票外部形状
1			
2			
3			
4			
5			

【任务评价】

评价方法：以小组为单位进行评价，评价主体为教师和学生，教师评价占 60%，小组自评占 20%，组间互评占 20%，见表 2-7。

表 2-7 任务评价

序号	评价标准	分数	评分记录		
			小组自评	组间互评	教师评价
1	小组成员的参与情况	20			
2	小组成员的分工情况	5			
3	运营企业收集的数量多少	50			
4	任务完成的准确度	20			
5	任务提交的及时性	5			

【巩固与练习】

一、选择题

1. ISO 14443 是（　　）智能卡的国际标准。
   A. 磁卡　　　　　　B. 接触式　　　　　C. 非接触式　　　　D. 以上都不对

2. 下列关于非接触式 IC 卡的说法正确的是（　　）。
   A. 利用射频识别技术　　　　　　　　　B. 免接触
   C. 通过无线电波进行数据交换　　　　　D. 使用有方向性

3. 下列关于接触式 IC 卡的说法不正确的是（　　）。
   A. 通过有形的电极触电将卡的集成电路与外部接口设备直接接触连接进行数据交换
   B. 存储容量大、安全、保密性佳、使用寿命较长
   C. 容易造成芯片脱落、静电击穿等问题。
   D. 适合城市轨道交通领域使用

4. 下列说法不正确的是（　　）。
   A. 广州地铁是世界上首家使用筹码型智能卡单程票的城市轨道交通运营企业
   B. 筹码型与方卡型单程票各具特点，均有较广泛的适用性
   C. 储值票不宜设计成筹码型
   D. 许可票可对外发售

5. 下列说法不正确的是（　　）。
   A. 单程票只能在本站进站，且当天有效
   B. 单程票超出规定车站或里程数目，需要另外支付超程费用
   C. 储值票也存在超程的情形
   D. 南方湿热，相对来说更适合筹码型车票

二、判断题

1. 南昌地铁单程票外形为筹码型。　　　　　　　　　　　　　　　　　　　　（　　）
2. 城市轨道交通票卡按使用性质可分为单程票、储值票和许可票三种类型。　　（　　）
3. 通过系统参数设置，可以定义单程票的有效期限和区间。　　　　　　　　　（　　）
4. 使用筹码型车票的车站终端设备的处理装置结构更复杂。　　　　　　　　　（　　）

5. 接触式智能卡通过有形的电极触电将卡的集成电路与外部接口设备直接接触连接进行数据交换。   （   ）

三、简答题
1. 概括描述单程票的特点。
2. 概括描述储值票的特点。

任务 3　城市轨道交通车票应用

【任务目标】

1. 知识目标
（1）掌握预制单程票的概念及特点。
（2）掌握纪念票、一日票、三日票和计次票等专用票的特点。

2. 能力目标
（1）能熟练说出城市轨道交通常见专用票的种类及特点。
（2）能根据城市轨道交通运营企业票务规则处理车票发售、退款等业务。

3. 思政与素养目标
（1）培养学生的规则意识和全心全意为乘客服务的意识。
（2）培育学生爱岗敬业、精益求精的工匠精神。

【任务描述】
（1）调研某城市轨道交通运营企业的车票种类及使用规则。
（2）调研某城市轨道交通运营企业的票务政策规定。

【任务知识库】

知识库 1　城市轨道交通单程票

城市轨道交通车票种类繁多，包括单程票、储值票、出站票、纪念票、福利票、日票、计次票、公务票、车站工作票、测试票等。总体上可以分为专用票和非专用票两类，不同种类的车票，性质及使用方法也不同，需根据具体情况分析。

一、单程票分类

单程票是城市轨道交通系统专用车票，常见的单程票有方卡型单程票和筹码型单程票两种。在实际运营过程中，从应用角度出发，单程票又分为普通单程票、特殊单程票、出站票和优惠票等类型，如图 2-12 所示。

1. 普通单程票

普通单程票可通过车站自动售票机、云购票机或客服中心的半自动售票

视频 2.4　票卡种类及运用

图 2-12 城市轨道交通单程票分类

机上发售，使用现金或移动支付方式支付，出票为被写入购票金额、购票时间及目的站等信息的车票，属非接触式智能卡，限单次、单车程使用，出站回收。普通单程票是单程票中使用最多、最广泛的一种车票。

2. 特殊单程票

特殊单程票也称为应急票，一般有两种表现形式：一种是预先对一定数量的车票进行预赋值，由工作人员人工发售，此类应急票的使用方法和普通单程票相同，只是由于对车票预先赋值，故在资金及票卡的管理上更为严格；另一种是将车票进行应急专用编码，在进站时发放给乘客，当乘客在目的站出站时根据乘坐情况补票，该方式可以解决大客流冲击时车站售票能力不足的问题。

1）预制单程票概念及特点

预制单程票，也称预赋值单程票，是指经过编码分拣机或半自动售票机预先赋值的单程票，通过人工售卖以弥补大客流情况下售票能力不足的问题，分为有限期预制票和无限期预制票。一般情形下不使用，只作应急备用。其特点是：已赋有一定的金额，有较长的使用期限，在有效期内每个车站都可以使用。

2）预制单程票申请及发售

对于可预见的大客流（如节假日、大型活动大客流等），城市轨道交通车站要提前做好售票准备工作。车站在假日之前规定时间内提交所需预制单程票数量并报票务部门审批，审批通过后，票务部门负责制作预制单程票并在假日前将制作完毕的预制单程票配发到各车站，各车站要做好预制单程票的核收、保管工作。在节假日、大型活动大客流到来时，值班站长根据客流情况决定是否使用预制单程票，并同时向票务部门报告预制单程票的使用情况。

预制单程票可在客服中心售票窗口发售，也可在临时售票点出售，车站客运值班员要密切注意预制单程票的站存数量和售卖速度，发现预制单程票不能满足客流需求时应立即报告并向票务部门报告预制单程票的使用情况，申请再次配发预制单程票，票务部门接到报告后应尽快将所需车票配发到车站。

3. 出站票

出站票是供无票乘客或持无效票乘客出站使用的单程票，由客服中心工作人员在半自动售票机上操作发售，仅限当日本站出站时使用并回收。根据具体情况，出站票分为免费出站票和付费出站票。

1）免费出站票

免费出站票适用于乘客刷卡出站时，由于车票或闸机等原因导致乘客不能正常出站而由客服中心工作人员免费发售给乘客的车票。

2）付费出站票

付费出站票适用于乘客刷卡出站时，由于乘客自身原因导致不能正常出站而由客服中心工作人员发售、乘客需付费的车票。

4. 优惠票

优惠票是指根据条件给予一定折扣和优惠的车票，如批量购买、某项活动等，以单程团体票为代表。

由单位或个人一次性购买规定张数及以上（一般为30张）的单程票称为单程团体票，根据具体购票数量享受一定程度的优惠。单程团体票在车站客服中心购买，不予退换，在购票车站通过边门或由工作人员开闸机扇门的方式直接进站乘车，只能进、出站一次，且当天有效。

二、单程票的流通及生命周期

从使用范围来看，单程票仅限制在城市轨道交通系统内部循环使用。单程票采购回来后，通过制票中心编码系统初始化编码，然后配发到车站，通过自动售票机或半自动售票机发售，乘客乘坐城市轨道交通工具出站后由闸机回收，回收后的车票可在车站循环使用，直到其损坏达到使用寿命为止，如图2-13所示。异常车票交回制票中心重新进行编码。

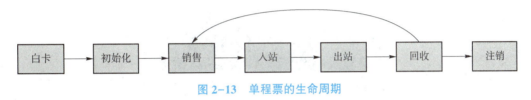

图2-13　单程票的生命周期

知识库2　城市轨道交通其他专用票

除单程票外，城市轨道交通系统还有纪念票、一日票、三日票、计次票、福利票等其他较为常见的专用票。

一、纪念票

纪念票是指为某种题材专门制作的纪念性票卡，有一定的收藏价值，在票面上会注明有效期和使用区域。在有效期和使用区域内方可使用，遵循"一进一出"原则，出站不回收，不记名、不挂失、不可重复充值使用，不可退票。纪念票的外形为方卡型，如图2-14所示。

图2-14　城市轨道交通纪念票

二、一日票、三日票

一日票、三日票均属于旅游票,主要购票对象是外来游客,一般票面会印上当地最著名的景点,彰显本地历史文化特色,如图2-15所示。一日票、三日票的外形为方卡型,其应用如下。

图2-15　城市轨道交通一日票、三日票

(1) 一日票、三日票不限线路、不限车站、不计里程、不计次数,其中一日票在首次刷卡进站后当天内或24 h内无限次乘坐,三日票在首次刷卡进站后三天内或72 h内无限次乘坐。

(2) 一日票、三日票不记名、不挂失,不可重复充值使用,不可退票。

(3) 一日票、三日票实行一人一票制,遵循"一进一出"原则,出站不回收;每次刷卡出闸后,5 min内不能在同一车站刷同一张卡进站。

(4) 一日票、三日票有使用有效期,超过有效期不可延期使用。

(5) 使用一日票、三日票须遵守当地城市轨道交通运营企业票务规则的相关管理规定。

三、计次票

计次票是指在车票规定的有效期内,使用该票可在城市轨道交通系统线网内任何车站进站乘车,不限距离乘坐,出站时闸机扣除一个乘次。计次票每次扣除的车票费用是相同的,不记名、不挂失,不可重复充值使用,不可退票。计次票适合乘车距离较远、单次乘车花费较高的乘客使用,外形为方卡型,如图2-16所示。

四、福利票

福利票是城市轨道交通运营企业免费给持有有效证件的相关人员发放的免费乘车的票卡,凭本人有效证件至客服中心换领,在发售当日有效,限本人单次使用,出站时回收车票。

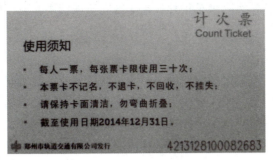

图 2-16　城市轨道交通计次票

知识库 3　城市轨道交通储值票

一般来说，储值票为城市轨道交通系统非专用票，从应用情况来看，绝大多数城市轨道交通系统的储值票与当地城市一卡通合二为一，即储值票就是当地城市一卡通，如北京市政交通一卡通、广州羊城通等。但也有部分城市单独发行城市轨道交通储值票，单独发行的储值票仅限城市轨道交通线网内使用，属于城市轨道交通系统专用票，如图 2-17 所示。

图 2-17　城市轨道交通储值票

一、储值票的分类

储值票是指车票内预存一定资金，在金额足够的情况下可多次使用的车票，每次使用时根据乘车里程或乘车区间出站扣费，出站不回收，可反复充值使用，外形为方卡型或异型。依据不同的标准，储值票可以分为多种。

1. 记名储值票和不记名储值票

记名储值票凭个人身份证明办理，即卡内保存有持卡人的相关信息，如持卡人姓名、性别、身份证号码等，卡面也可根据需要印刷持卡人的姓名、照片等信息，可挂失，能享受信用消费和信用增值等服务。

不记名储值票无须个人身份证明即可办理，即票面上没有持卡人的信息，可在任意购卡网点购买，不记名、不挂失，不能享受信用消费和信用增值等服务。

2. 普通储值票和优惠储值票

普通储值票是储值票中使用最多、最广泛的一种车票，可以反复充值使用，每次使用根据实际乘车里程或乘车区间扣费。

优惠储值票是指在计算实际乘车里程或乘车区间所需费用时，根据条件给予一定折扣和优惠的储值票，如老人卡、学生卡、军人卡等。

二、储值票的流通及生命周期

如果储值票为城市轨道交通系统专用票，则流通环节与单程票完全相同；如果储值票为城市轨道交通系统非专用票，则一般由当地一卡通企业负责储值票的采购、销售及服务等工作。城市轨道交通运营企业只作为清分主体，参与票款清分。

储值票的生命周期包括白卡、初始化、预赋值、发售、充值、检票、退票、注销等，如图2-18所示。

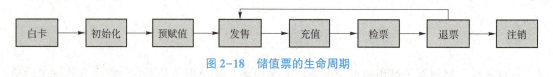

图2-18　储值票的生命周期

储值票在退票后，必须经过再编码才能重复使用，一般由票务总中心统一进行注销和再编码的处理。

三、许可票

许可票是一种不同于单程票和储值票的特殊票种，由城市轨道交通运营企业根据某种特殊需要，赋予特定人员使用许可的车票，主要有公务票、车站工作票和测试票等。

公务票是指仅限于城市轨道交通运营企业工作人员因工作需要而使用的专用车票，分为全路网公务票和指定线路公务票两种。

车站工作票限城市轨道交通运营企业委外单位员工在规定站点进出站使用，不检查进出站次序，可挂失。

测试票是指对自动售检票系统设备进行维护诊断时使用的特殊车票，只能在设备属于维护模式由维修人员测试设备时使用。

公务票和车站工作票的有效期、乘坐次数、进出站次序检查、进出站的地点限制以及乘车时间检查等参数可以灵活地通过线路中央计算机系统设置，以便满足运营需求。

知识库 4　城市轨道交通车票处理

一、车票编码、发售与使用

1. 车票编码

车票由线路中心统一购买和初始化，所有车票购买后，均需要通过编码分拣机对车票进行初始化编码和赋值。编码分拣机与线路中央计算机系统连接，它给车票所编制的编号都要通过检查和确认，确保车票的编号在系统中是唯一的。车票的初始化就是对车票进行加密、数据分区和初始化处理。

2. 车票发售

车票发售是指已初始化的车票经过处理后以一定方式销售给乘客使用的过程。自动售票机负责普通单程票的发售，半自动售票机负责各类型车票的发售，均由线路中心下载票值参数，所有售票信息传送到线路中央计算机系统数据库。

3. 车票使用

线路内使用的所有车票详细记录将保存在线路中心，对车票的使用情况进行统计和分析，同时将此信息传送到清分系统。车票的详细记录包括：车票记录序号、交易时间、设备、上次交易时间、上次使用设备、交易类型、交易金额、车票余值等，所有交易数据通过网络由车站终端设备、车站计算机逐级上传线路中心计算机系统、清分系统，车票的交易数据在线路中心经稽查、汇总、统计、分析后形成各种报表。

二、车票处理

1. 车票进出站处理

城市轨道交通车票遵循进站→出站的进出站次序来使用，进出站检票机只能按照正确顺序进行处理，即车票的一次完整使用过程必须有一次进站记录和相应的出站记录。当乘客持车票在进站检票机进站时，若车票事先没有经过售票机或出站检票机，则该车票就无法在进站检票机使用；反之，当乘客持车票在出站检票机出站时，如没有经过进站检票机处理，则该车票就无法在出站检票机使用。

2. 车票更新

对城市轨道交通专用车票来说，更新处理有原票更新和换票两种方式，车票更新收费金额可以通过线路中心参数设置。

对储值票来说，进站无效时，由半自动售票机按照相关规定进行检查和更新后可再次进站；出站无效时，由半自动售票机对车票进行更新处理后，经由出站检票机出站并扣除相应费用。

3. 车票退换

半自动售票机可办理退票业务，其退款方式可分为即时退款和非即时退款，可通过线路中心设置退票条件、使用次数限制、余额限制、费用等。符合即时退款条件的，在车站半自动售票机处完成即时退票处理，退票处理信息传输到线路中心。符合非即时退款条件的，在车站客服中心办理退款申请，相关信息传输到线路中心，由计算机后台根据车票的卡面编号自动查询车票的使用情况等信息，该信息由相关票务管理人员确认后下达到指定地点。

三、车票失效

不同种类的车票均有不同的使用有效期，车票只能在系统设定的有效期内使用，否则就会失效。各种类型车票的有效期都可通过线路中心进行设置，见表2-8。

表2-8 城市轨道交通车票有效期

票种	有效期
普通单程票	发售时起，至当天运营结束时止（当日当站有效）
预制单程票	一般为1个月（具体时间由运营企业规定）
出站票	发售时起，至当天运营结束时止（当日当站有效）
纪念票	规定时间内
计次票	
一日票	首次刷票起，当日或24 h内有效，未刷则需在规定时间内使用
三日票	首次刷票起，三日或72 h内有效，未刷则需在规定时间内使用
储值票	具体时间由运营企业规定

四、车票使用方法和规定

城市轨道交通各类车票的使用方法和规定大致相同,见表 2-9。

表 2-9 城市轨道交通车票使用方法和使用规定

票种	媒介	使用方法	使用规定
单程票	非接触式智能卡	进站刷卡,出站回收	限一名乘客本站当日一次乘车有效
出站票		出站回收	限符合条件的乘客本站当日出站使用
纪念票		出站不回收	限一名乘客在有效期内乘车有效
计次票			限一名乘客在有效期内乘车有效
一日票		出站不回收	限一名乘客当日或 24 h 内乘车有效
三日票		出站不回收	限一名乘客三日或 72 h 内乘车有效
储值票		进出站均刷卡,出站不回收	可充值反复使用,在有效期内使用
公务票			系统内员工使用,每次扣除次数
车站工作票			限指定车站使用,不计进出站次序
应急票	纸质车票	人工检票进站,出站无须检票	仅限特殊情况下使用

【任务实施】

(1)实地调查或查阅资料,调研某城市轨道交通运营企业车票种类及使用规则,完成表 2-10 所示列表格。

表 2-10 城市轨道交通运营企业车票种类及使用规则

序号	车票种类	车票使用规则
1		
2		
3		
4		
5		
……		

(2)实地调查或查阅资料,调研某城市轨道交通运营企业票务政策规定,完成表 2-11 所列表格。

表 2-11 城市轨道交通运营企业票务政策规定

序号	事项	具体规定
1	计价方式	
2	乘车时限	

续表

序号	事项	具体规定
3	超时处理	
4	超程超时处理	
5	退票情况	
6	行李携带	
7	优惠乘车	
8	进出站次序	

【任务评价】

评价方法：以小组为单位进行评价，评价主体为教师和学生，教师评价占60%，小组自评占20%，组间互评占20%，见表2-12。

表2-12 任务评价

序号	评价标准	分数	评分记录		
			小组自评	组间互评	教师评价
1	小组成员的参与情况	10			
2	车票种类收集的数量	5			
3	车票使用规则概括的完整性	40			
4	企业票务政策概括的准确度	40			
5	任务提交的及时性	5			

【巩固与练习】

一、选择题

1. 下列不属于城市轨道交通领域专用票的是（　　　）。
 A. 单程票　　　　B. 预制单程票　　　C. 储值票　　　D. 纪念票
2. 下列关于单程票说法不正确的是（　　　）。
 A. 出站回收　　　B. 限时限距　　　　C. 不可充值　　D. 可挂失
3. 下列关于出站票说法不正确的是（　　　）。
 A. 由 BOM 发售　　　　　　　　　　B. 由 TVM 发售
 C. 仅用于出站　　　　　　　　　　D. 分免费和付费两种
4. 下列关于纪念票说法不正确的是（　　　）。
 A. 具有单程票性质　B. 在有效期内使用　C. 不限距离乘坐　D. 出站回收
5. 下列关于日票说法不正确的是（　　　）。
 A. 主要有一日票和三日票　　　　　B. 在规定时间内可无限次乘坐
 C. 不可充值　　　　　　　　　　　D. 属于非专用票

二、判断题

1. 单程票从应用角度可分为普通单程票和预制单程票两种。（ ）
2. 预制单程票提前赋值，仅限于特殊情况下使用。（ ）
3. 预制单程票没有使用有效期。（ ）
4. 团体单程票的使用与普通单程票基本类似。（ ）
5. 出站票均为免费的。（ ）

三、简答题

1. 简述预制单程票的特点及适用性。
2. 比较分析纪念票、计次票、一日票和三日票的异同。

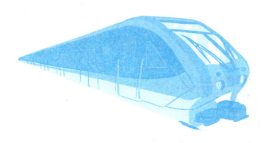

项目 3

自动售票机结构认知与票务事务处理

项目导读

自动售票机（Ticket Vending Machine，TVM）设于车站非付费区，用于乘客自助式购买单程票和对储值票进行充值或查询等。与人工售票方式相比，自动售票机具有速度快、能处理存储大量票务信息、支持计程计时票制等优点，已在城市轨道交通车站广泛使用，是城市轨道交通车站终端设备的重要组成部分。

项目结构图

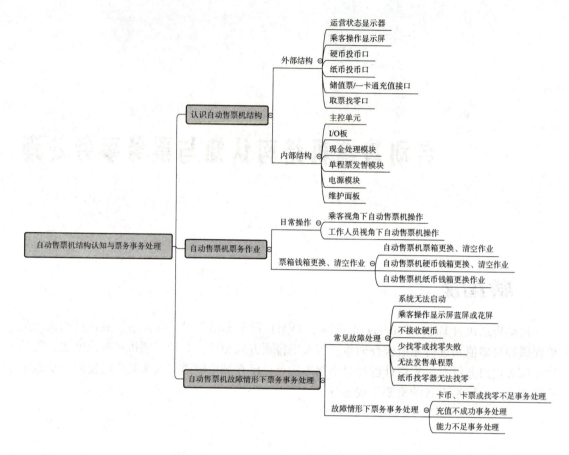

任务 1　认识自动售票机结构

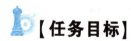【任务目标】

1. 知识目标

（1）熟悉自动售票机内部结构组成及功能。

（2）掌握自动售票机现金模块、单程票发售模块等主要模块功能。

2. 能力目标

（1）能准确说出自动售票机内部结构组成及功能。

（2）能概括比较自动售票机硬币模块与纸币模块异同。

3. 思政与素养目标

（1）培养学生的知识应用能力和主动思考的学习态度。

（2）培育学生勇于探索、踏实认真、勤学苦练的职业品质。

【任务描述】

（1）根据自动售票机外观图像，准确写出各外部结构。
（2）概括自动售票机内部结构组成及功能。

【任务知识库】

知识库 1　自动售票机外部结构

一、自动售票机功能与性能指标

1. 自动售票机功能

自动售票机的基本功能是通过乘客的自助式操作完成自动售票。其过程包括购票选择、接收购票资金、自动出票及找零等过程，必要时可以打印凭条。自动售票机可以接收指定的纸币和硬币购买单程票，也可对储值票进行充值。主要功能如下：

（1）接受乘客的购票选择，并在购票过程中给出提示信息及操作指导；
（2）可以接受乘客投入的现金并自动完成识别，对无法识别的现金予以退还；
（3）自动计算乘客投入的现金数量、购票金额及找零；
（4）自动完成车票校验、车票赋值及出票；
（5）对各部件的工作状态进行自动检测；
（6）接受车站计算机系统下发的参数和控制命令执行相应的操作；
（7）存储并向车站计算机系统上报工作状态和交易数据；
（8）对本机接收的现金及维护操作进行管理。

2. 自动售票机性能指标

不同线路、型号的自动售票机性能指标不尽相同，总的来说大同小异。以某地铁 1 号线车站使用的自动售票机为例，其性能指标见表 3-1。

表 3-1　自动售票机性能指标

项目	性能参数
车票处理速度（≤）	1 s/张（包括供票、编码、校验、出票）
通信接口	RJ45 100 Mb/s 以太网
MTBF 平均故障时间（≥）/h	18 000
MTTR 平均维修时间（≤）/min	30
MTBF（触摸屏显示器）（≥）/h	20 000
车票（卡式封装）容量（≥）	1 000 张/票箱（2 个票箱） 300 张/废票箱（1 个废票箱）
储币箱容量（≥）	2 000 枚
储钞箱容量（≥）	1 000 张
补币箱容量	1 元：700 枚×2
外形尺寸/mm	900（宽）×800（深）×1 800（高）
用电功率（≤）/W	500

二、自动售票机外部结构组成

自动售票机总体结构由外部结构和内部结构组成，如图 3-1 所示。

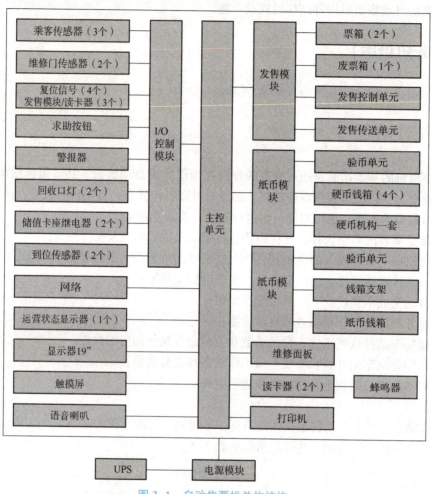

图 3-1　自动售票机总体结构

外部结构主要由运营状态显示屏、乘客操作显示屏、硬币投币口、纸币投币口、储值票/一卡通充值接口及取票找零口等组成，如图 3-2 所示。

1. 运营状态显示器

运营状态显示器安装在自动售票机顶部，用来显示设备的运营状态，使乘客在远处就可以看到，方便乘客购票。

2. 乘客操作显示屏

乘客操作显示屏安装在自动售票机前面板乘客操作范围内，用于显示有关购票或充值操作信息，是自动售票机人机界面操作的主要部件。乘客根据显示屏提示界面进行购票或充值操作。显示字体为中文，在需要时可选择用英语显示。乘客操作显示屏采用工业级液晶显示屏，具有抗电磁干扰性强、刷新频率快等特点。

视频 3.1　TVM 外部结构认知

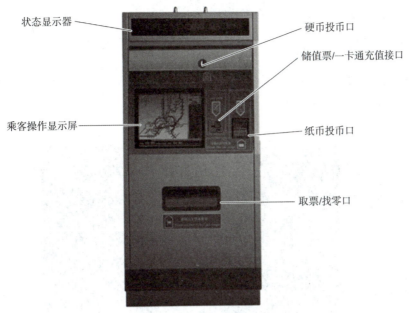

图 3-2 自动售票机外部结构

3. 硬币投币口

自动售票机硬币投入口用于接收乘客购票投入的硬币。从实际应用情况来看，只接收 1 元面额硬币。

4. 纸币投币口

自动售票机硬币投入口用于接收乘客购票、充值时投入的硬币，从实际应用情况来看，可接收多面额纸币，具体面额由城市轨道交通运营企业设定。

5. 储值票/一卡通充值接口

自动售票机除具有发售车票功能外，还能对储值卡进行充值。储值卡充值口就是给储值卡充值的接口，内装有读写器，能就相关信息写入储值卡。

需要特别提出的是，城市轨道交通车站的自动售票机是否开放储值卡充值功能取决于当地运营企业的规定。

6. 取票找零口

自动售票机取票找零口用于取出单程票、纸币、硬币，其布置和位置应满足人体工程学的要求，应充分考虑不同身高的乘客需求，方便乘客。自动售票机的取票找零口一般采用特殊设计，可以有效地防止车票和硬币飞溅，也能防止卡票发生。

7. 凭条打印口

装载于自动售票机上，是自动售票机中的交易记录以及收费用纸，一般用于交易后由自动售票机的打印机打印出交易确认单，此即为自动售票机打印凭条，也称为自动售票机凭条，产生纠纷时可以作为证据使用。

8. 维护门

自动售票机前后有 2 扇维护门。后维护门使用频率较高，位于设备背面，目的是方便设备维护或故障处理，不影响乘客，因而采取后开门维护方式；前维护门使用频率较低，仅在设备故障维护时使用。

知识库2 自动售票机内部结构

一、自动售票机内部结构概述

自动售票机内部结构比较复杂，组成模块较多，以主控单元为核心，包括现金处理模块、单程票发售模块和电源模块等，如图3-3和图3-4所示。

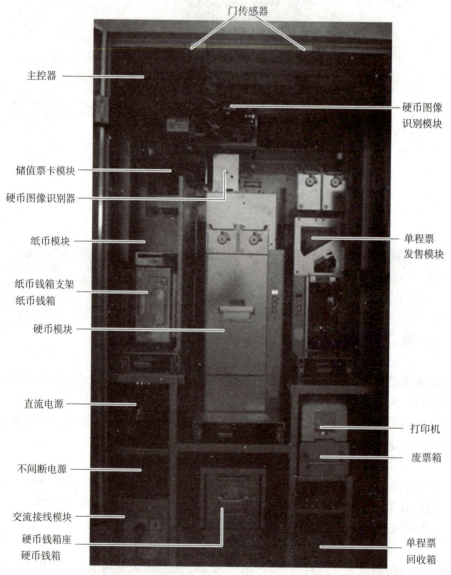

图3-3 使用筹码型单程票自动售票机内部结构

二、自动售票机内部结构组成

1. 主控单元

自动售票机的主控单元（Electrical Control Unit，ECU），也称工控机，是自动售票机的

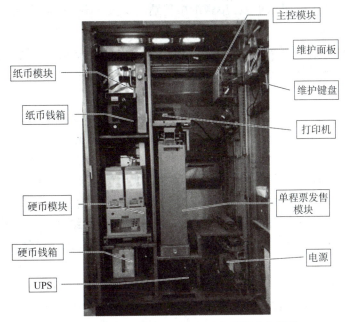

图 3-4 使用方卡型单程票自动售票机内部结构

核心控制模块。其主要功能有：负责运行控制软件，完成车票处理、现金处理显示、数据通信、状态监控等。主控单元采用无风扇低功耗微型嵌入式设计，箱体采用密封设计、自然散热，具有良好的抗振动、冲击及电磁兼容和防尘能力性能，保证整机 24 h 不间断稳定运行，并具备足够的能力提供所指定的功能。

视频 3.2 TVM 内部结构认知

主控单元还具备数据保存功能，数据保存时间可通过参数设置，至少可保存 7 日原始数据。此外，还具备电源故障数据保护功能，以避免在电源故障时损坏数据。

2. IO 板

IO 是英文 "Input/Output" 首字母的缩写，作用为接口电路，实现主控单元和外围设备之间联系。

3. 现金处理模块

现金处理模块是自动售票机内部结构的重要组成部分，分为纸币模块和硬币模块两大部分。

1）纸币模块

纸币模块用于实现乘客的纸币接收及找零，主要包括纸币识别模块、纸币钱箱和纸币找零箱三大部分。

（1）纸币识别模块。

纸币识别模块由入币口、传输装置、识别模块、暂存器等组成，自动售票机纸币识别模块采用多钞票验钞机，最大可识别纸币类型 10 余种，真币接受率为 99%，伪币拒绝率为 99.99%，误差率不超过 1∶1 000 000。纸币

视频 3.3 TVM 纸币模块及工作原理

识别模块具有首次纸币识别时间短、单张纸币识别速度快、误差率低等优点。

（2）纸币钱箱。

纸币钱箱采用全密封的结构，通过两把安全锁来保证现金安全。纸币钱箱一般可容纳1 000张纸币，具有独立的电子标签和存储单元，可以记录钱箱的操作。

（3）纸币找零箱。

纸币找零箱是一个结构紧凑、安全的纸币处理系统，接收小面额纸币找零，可分为1元纸币箱、5元纸币箱、10元纸币箱和20元纸币箱。纸币找零时，整齐叠放找给乘客，自动实现优化的找零算法。

纸币模块工作原理：当纸币被塞入入币口后，纸币传输装置将纸币输送到纸币识别模块，识别模块将对纸币进行面额和防伪标记等方面的识别。合法的纸币将被送入纸币暂存器，等待下一步处理；不合法（无法识别）的纸币将被退回给乘客。当乘客确认交易后，纸币暂存器内的纸币被转入纸币钱箱；当乘客取消交易后，纸币暂存器内的纸币退回给乘客。

2）硬币模块

硬币模块用于实现乘客的硬币接收及找零。与纸币模块相比，硬币模块更为复杂，主要包括硬币识别模块、硬币循环找零器、硬币补币箱和硬币回收箱等部分，如图3-5所示。

图3-5　自动售票机硬币模块

视频3.4　TVM硬币模块及工作原理

（1）硬币识别模块。

自动售票机的硬币识别模块支持单次多枚硬币投入，最多70枚。从实际应用情况来看，硬币识别模块一般只接受1元硬币，具有检测准确率高、假币识别率高、识别速度快、找零速度快等特点。

（2）硬币循环找零器。

所谓循环找零，是指用前面乘客投入的硬币来给后面的乘客找零。循环找零器内部结构较复杂，一般无须拆装。缓存找零器可以实现找零的循环处理，即当缓存找零器内硬币存量不足时，能自动将乘客投入的硬币导入缓存找零器进行补充。其币箱容量为700枚。

（3）硬币补币箱。

硬币模块具有两个1元硬币补币箱作为实现找零功能的专用容器，每个补币箱的容量为

700枚，且每个箱子具有电子ID，可以记录补币箱的ID。

在运营开始前或运营过程中，往往会出现循环找零器里硬币不足的情形，这时就需要工作人员向硬币补币箱里添加硬币。当循环找零器将要满或已满时，工作人员通过系统清空功能，将其中的硬币清空到硬币回收箱中。当运营结束后，也可以使用清空功能将循环找零器或硬币补币箱中保存的硬币清空，被清出的硬币在回收箱中，再由工作人员取出后按相关规定到票务室进行清点。

（4）硬币回收箱。

硬币回收箱可存放乘客投入的并经硬币模块处理合格的硬币，1个硬币回收箱最多可存放2 000枚1元硬币。硬币回收箱具有射频识别，可以记录储币箱的ID号码和硬币数量。硬币回收箱出口用于将箱内的硬币送出，从机身上取下储币箱时储币箱入口会自动关闭并锁好。

硬币模块的工作原理：当硬币被投入入币口后，硬币识别模块将对硬币进行面额和防伪标记的识别。合法的硬币进入暂存器，等待下一步处理；不合法（无法识别）的硬币直接掉入出票找零口，退回给乘客。当乘客确认交易后，暂存器内的硬币进入硬币循环找零器；当乘客取消交易时，暂存器内的硬币直接掉入出票找零口，退回给乘客。处于循环找零器中的硬币可直接找零给乘客，当循环找零器中硬币数量不足时，就需要动用补币箱中的硬币找零；当循环找零器中硬币已满时，通过系统清空作业操作，将其清空到回收箱中。

4. 单程票发售模块

单程票发售模块由对车票进行读写的票卡读写器和用于发售单程车票的车票处理模块组成。

1）票卡读写器

票卡读写器具有完整的车票操作功能，可根据主控单元的指令完成车票检测、车票有效性检查、密钥认证、车票读写、交易流程、交易记录的产生和存储、交易流水号管理、信用及授权管理等功能，如图3-6所示。

图3-6　票卡读写器

票卡读写器根据不同场合配置不同规格的天线，支持应用软件通过串口下载。当票卡读写器安装在终端设备时，也可以通过终端设备转发下载命令实现软件下载。

2）车票处理模块

车票处理模块主要由控制板、储票箱、废票箱和传送装置等组成，在接受主控单元的指令后，可完成单程票供票、赋值及出票的处理过程，如图3-7所示。

图 3-7　车票处理模块

车票处理模块具有以下主要功能：

（1）能一次性发售单张、多张车票。若同时发售两张及以上的车票，则车票逐一从出票口出票。一次性发售车票的上限可通过参数设置。

（2）具有储票箱自锁功能。当储票箱装到发售模块上时，储票箱盖方可打开，保证无储票箱钥匙人员不接触票卡，减少票卡流失。

（3）处理模块设有专用的检测电路，可通过主控单元检测储票箱是否安装正确及发售模块各部件的工作状态，实时监视储票箱内的车票状态，并在储票箱将空时发出提示。

（4）储票箱内还设计有票卡限位机构，无论票箱内是否装满票卡，都可随时取出储票箱。即使不慎将票箱翻倒，内装票卡也不会翻乱，更换和运输票箱都很方便。

5. 电源模块

自动售票机电源模块由主电源和辅助电源组成，正常情形下由主电源为设备提供电能，一旦断电，辅助电源将发挥作用。

1）主电源

自动售票机整机一般采用交流 220 V/50 Hz 供电，外接总电源是通过不间断电源到开关盒，再由开关盒到电源箱、主控单元等。其配有电源开关盒和两个电源箱，在电源开关盒内，整机设总开关，并设保险丝，为了增加交流电源扩展性，在开关盒前端有两个交流插座，一个为三芯直插，一个为三芯斜插。为了提高交流电质量，电源开关盒内设有电源滤波器，为避免开机浪涌电流太大，电源开关盒内设有延时开关，使设备依次上电，所有模块均与地线连接，如图 3-8 所示。

图 3-8　自动售票机主电源

2）辅助电源

辅助电源也称不间断电源（Uninterruptible Power System，UPS），是一种含有储能装置，以逆变器为主要组成部分的恒压恒频的不间断电源。其主要用于给单台计算机、计算机网络系统或其他电力电子设备提供不间断的电力供应。当外部电源输入正常时，UPS 将外部电源稳压后供应给负载使用，此时的 UPS 就是一台交流电源稳压器，同时它还向机内电池充电；

当外电中断（事故停电）时，UPS 立即将机内电池的电能，通过逆变转换的方法向负载继续供应 220 V 交流电，使负载维持正常工作并保护负载软、硬件不受损坏。UPS 设备通常对电压过大和电压太低都能提供保护，如图 3-9 所示。

6. 维护面板

维护面板的作用是提供车站工作人员对自动售票机进行设备维护、故障诊断及参数设置等操作，维修人员在操作时需要输入口令及密码后方能进入维护面板的维修系统进行维护，其操作界面可设计成菜单式或指令式，如图 3-10 所示。

图 3-9　自动售票机辅助电源

图 3-10　自动售票机维护面板

【任务实施】

（1）根据如图 3-11 所示自动售票机的外观图像，完整、准确地写出各外部结构及功能，完成表 3-2 所列表格。

图 3-11　自动售票机外观图像

表 3-2　自动售票机外部结构及功能

序号	部件	主要功能
1		
2		
3		
4		
5		
6		
7		

（2）实地调研或查阅资料，写出自动售票机内部结构组成及功能，完成表 3-3 所列表格。

表 3-3　自动售票机内部结构组成及功能

序号	部件	主要功能
1		
2		
3		
4		
5		
6		
7		

【任务评价】

评价方法：以小组为单位进行评价，评价主体为教师和学生，教师评价占 60%，小组自评占 20%，组间互评占 20%，见表 3-4。

表 3-4　任务评价

序号	评价标准	分数	评分记录		
			小组自评	组间互评	教师评价
1	小组成员的参与情况	10			
2	内外部结构描述的完整性	35			
3	内外部结构功能概括的准确性	50			
4	任务提交的及时性	5			

【巩固与练习】

一、选择题

1. TVM 硬币回收箱里的现金属于（　　）。
   A. 备用金　　　　　B. 票款　　　　　C. 备用金和票款　　　D. 应急基金
2. TVM 硬币补币箱里的现金属于（　　）。
   A. 备用金　　　　　B. 票款　　　　　C. 备用金和票款　　　D. 应急基金
3. TVM 纸币钱箱里的现金属于（　　）。
   A. 备用金　　　　　B. 票款　　　　　C. 备用金和票款　　　D. 应急基金
4. 下列不属于自动售票机内部结构中存放现金的地方是（　　）。
   A. 纸币钱箱　　　　　　　　　　　　B. 纸币找零箱
   C. 硬币回收箱　　　　　　　　　　　D. 发售模块
5. 下列不属于自动售票机内部结构的是（　　）。
   A. 主控单元　　　　B. 现金处理单元　　C. 电源模块　　　　D. 出票找零口

二、判断题

1. 主控单元具有电源故障数据保护功能。　　　　　　　　　　　　　　（　　）
2. 纸币循环找零具有优化找零功能。　　　　　　　　　　　　　　　　（　　）
3. 硬币模块可接收多种面额硬币。　　　　　　　　　　　　　　　　　（　　）
4. 维护面板是工作人员登陆作业的主界面。　　　　　　　　　　　　　（　　）
5. TVM 可对本机接收的现金及维护操作进行管理。　　　　　　　　　　（　　）

三、简答题

1. 简述自动售票机内部结构的组成及特点。
2. 简述自动售票机纸币模块和硬币模块的工作原理。

任务 2　自动售票机票务作业

【任务目标】

1. 知识目标

熟悉自动售票机票箱、钱箱的更换和清空作业流程。

2. 能力目标

能根据操作规程熟练完成自动售票机票箱、钱箱的更换和清空作业。

3. 思政与素养目标

（1）培养学生的实践操作能力和勇于探索的求知精神。
（2）培育学生热爱劳动、严谨认真、遵章守纪的职业品质。

【任务描述】

分组进行实践教学，完成票务作业，撰写总结报告。

【任务知识库】

知识库1 自动售票机日常操作

一、乘客视角下自动售票机操作

自动售票机软件支持乘客通过操作屏对自动售票机进行购票或充值（根据需要设置）操作，乘客可通过使用硬币和纸币在设备上购买单程票，可接受的支付方式包括硬币、纸币、硬币和纸币混合。自动售票机通过操作屏接收乘客的输入信息，采用形象化的地图模式、线路模式引导用户购票，同时给乘客提供中文或英文界面切换功能。

1. 购票操作

乘客购票操作主要分为两种，分别是按线路购票和按金额购票。

1) 按线路购票

按线路购票的方式适用于熟悉城市轨道交通线路的乘客，该方式向乘客显示所选择的线路图，使得乘客能够快速选择目的站点。

（1）系统主界面（见图3-12）：该界面中间显示的总线路图作为乘客选择目的站点的参考依据，乘客在该图中查看到需要到达的目的车站后，在下方选择该车站所属线路按钮，系统自动进入车站选择界面。

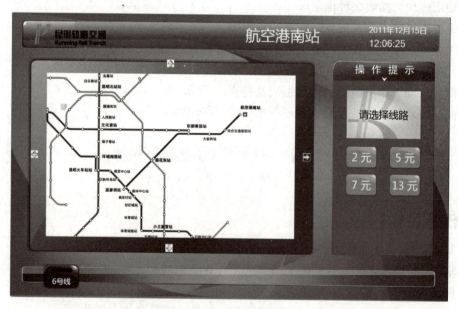

图3-12 自动售票机主界面

（2）车站选择界面（见图3-13）：该界面中显示当前所选线路下所有车站按钮图，乘客点击需要到达的目的车站按钮，系统自动进入付费界面。

（3）付费界面（见图3-14）：该界面中显示目标车站、票价、售票张数等售票信息。

若乘客需要一次性购买多张票，则在右方选择需要购买的数量。当乘客单击"确认"按钮时（见图3-15），系统启动入钞机，乘客可做两种操作：

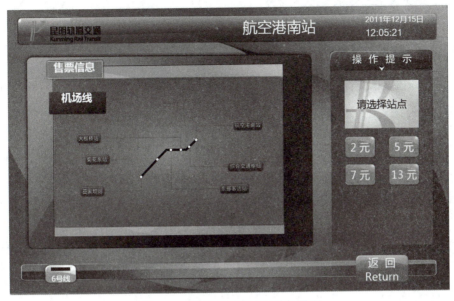

图 3-13　自动售票机车站选择界面

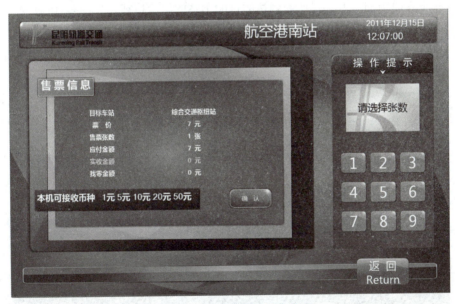

图 3-14　自动售票机付费界面

①乘客根据提示在入钞口投入纸币，界面根据乘客的操作实时显示实收和找零金额。当乘客投入纸币大于等于应付金额时，机器自动进行相应的出票和找零操作。

②若乘客在投币过程中想放弃购票，则单击"返回"按钮，系统自动退还乘客已投入的纸币，并返回到上一级菜单。

2）按金额购票

自动售票机为经常乘坐城市轨道交通系统制式的乘客提供了一种按票价金额购票的快捷购票方式。这种购票方式适用于熟悉目的车站票价的乘客，为乘客节约了选择站点的时间，能使乘客对操作面板的点击次数变少，从而为他们提供更为快速的购票服务。

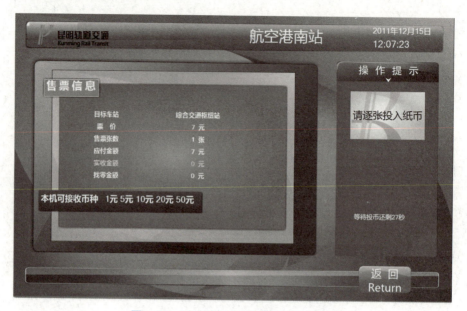

图 3-15　乘客选择购买张数后显示画面

乘客在主界面中的右方选择所需到达的目的车站的票价按钮,如图 3-16 所示。

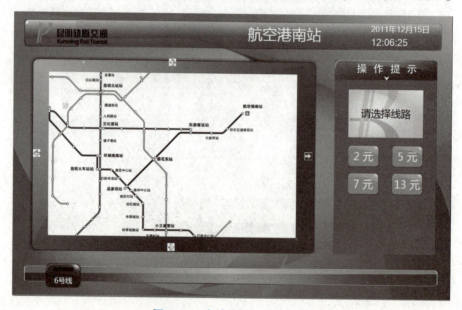

图 3-16　自动售票机票价界面

票价按钮被点击后,系统直接进入付费界面,操作方法与按线路购票时付费界面的操作方法一致。

2. 充值操作

自动售票机是否具有充值功能,取决于参数设定,其操作界面如图 3-17 所示。

3. 找零操作

自动售票机找零操作有无找零和找零不足两种模式。当自动售票机不可找零时会进入到

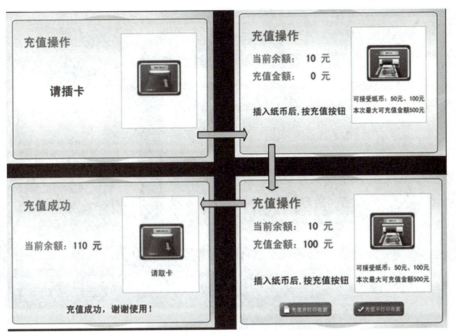

图 3-17　自动售票机充值界面

无找零模式，当乘客在购买车票时，会在乘客显示屏右方进行相关提示（见图 3-18），在状态显示屏上提示"本机暂不支持零钱找补"。

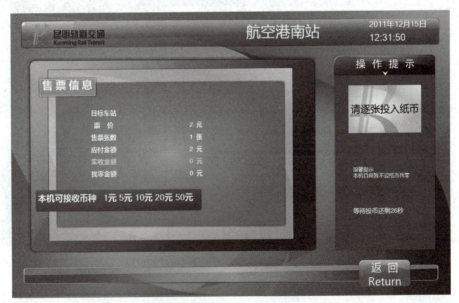

图 3-18　自动售票机无找零提示界面

若乘客没注意到乘客显示屏右方的提示投入纸币需要找零，则交易会自动取消，退还乘客投入的纸币，并在乘客显示屏的正下方说明购票失败的原因，如图 3-19 所示。

当乘客购买车票时，在自动售票机找零不足情形下，设备自动退还乘客投入的纸币，取消交易，并在乘客显示屏的正下方说明购票失败的原因，如图 3-20 所示。

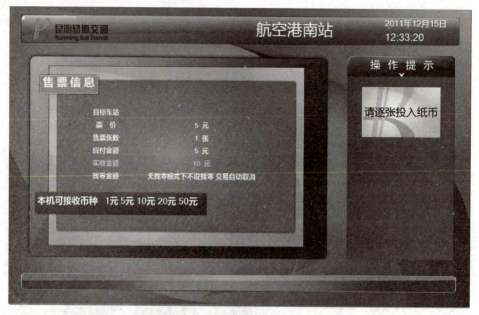

图 3-19 自动售票机无找零交易取消界面

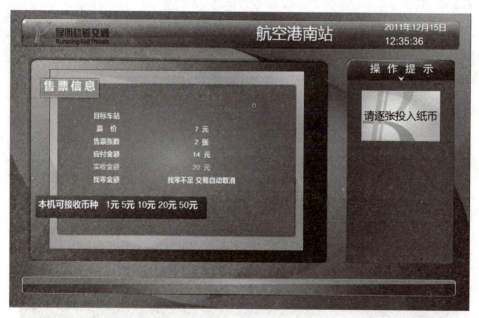

图 3-20 自动售票机找零不足界面

4. 暂停服务

当出现以下三种情况时,系统自动切换到维护界面,显示屏显示"暂停服务"(见图 3-21),此时乘客不能再进行正常购票操作。

设备维护:如自动售票机维护门被打开,工作人员更换钱箱、票箱等操作。

设备故障:如纸币模块卡钞,车站系统下发参数接收失败等。

运营维护:票箱票不足,钱箱已满,车站下发暂停服务命令等。

图 3-21 暂停服务界面

二、工作人员视角下自动售票机操作

工作人员视角下自动售票机操作主要通过状态显示界面和登录界面，状态显示界面为车站工作人员提供了快速判断售票机各部件状态方法，工作人员获得权限后由登录界面进入维护界面，根据实际需要开展相关作业内容。

1. 状态显示界面

维护终端在没有打开维护门的时候出现该界面，用于显示各个模块及部件的状态。用绿色、黄色和红色等颜色来表示设备不同的状态，一般用绿色表示状态正常，黄色表示状态警告，红色表示状态错误。

当自动售票机处于暂停服务、降级模式或者需要更换箱体时，工作人员可通过观察该界面了解具体情况，快速获得设备各模块状态信息。

2. 工作人员登录界面

车站工作人员进行维护操作时，打开维护门后需要在维护屏和键盘上进行登录（见图 3-22），在维护屏密码键盘上按【ENTER】键，输入操作员账号和密码后进入维护界面（见图 3-23）。

注：若打开自动售票机维护门 30 s 不登录，则会发出蜂鸣警报并上报至车站计算机系统。

操作方法：在数字键盘上输入对应的编号进入相关界面，如在键盘上按"1"进入结账操作，按"2"进入日常操作。日常操作包括票箱更换、清空作业，废票箱更换作业，硬币找零箱、硬币补币箱与回收箱更换作业，纸币钱箱与补币箱更换作业等。

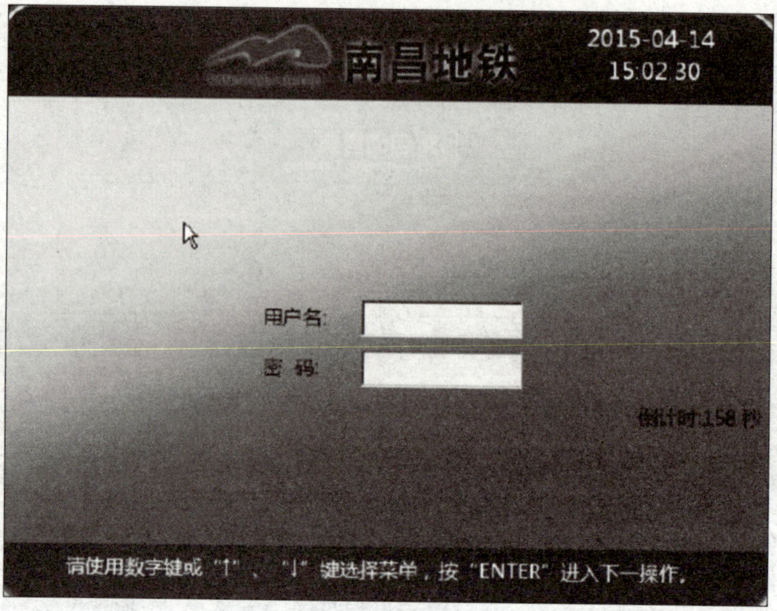

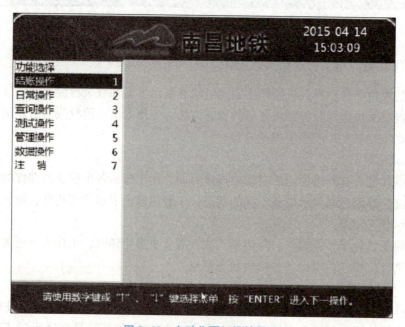

图3-22 自动售票机登录界面

图3-23 自动售票机维护界面

知识库2　自动售票机票箱钱箱更换、清空作业

一、自动售票机票箱更换、清空作业

1. 自动售票机票箱更换作业

更换自动售票机票箱时，打开维护门，按维修面板显示要求输入正确的用户名和密码，验证成功后才能进入主菜单界面，如图3-24所示。

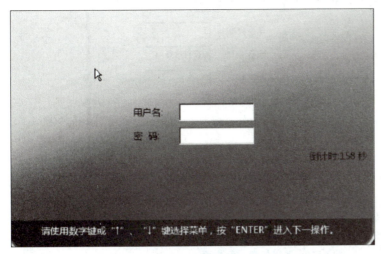

图 3-24　自动售票机登录界面

视频　TVM 票箱补票作业

进入主菜单界面后，进行某项操作时可以使用维护键盘上的【↑】、【↓】键及相应的数字键进行选择，再按【ENTER】键进入到相应主菜单的子菜单项中，如图 3-25 所示。

图 3-25　自动售票机登录后功能选择界面

更换票箱时，要求工作人员严格按照操作结果及具体步骤提示进行操作，否则会导致操作失败，甚至会引起内部逻辑及数据混乱。

（1）登录进入操作界面。打开维护门，登录维护终端，输入正确的用户名及密码后进入主界面，依次选择以下菜单：【日常操作】→【更换票箱】→【票箱 1/票箱 2】，按下【ENTER】键确认。此时，操作界面会显示当前所在票箱的 ID 号码，并提示工作人员取走票箱，如图 3-26 所示。

（2）取走票箱。取走票箱后，操作界面提示区会提示票箱已经取走，具体操作步骤如图 3-27 所示。

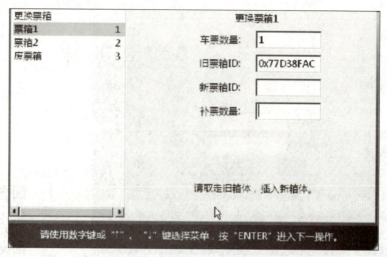

图 3-26 票箱信息显示界面

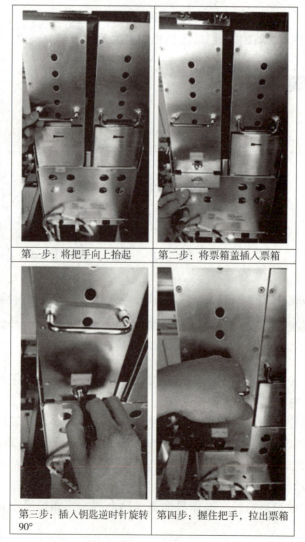

| 第一步：将把手向上抬起 | 第二步：将票箱盖插入票箱 |
| 第三步：插入钥匙逆时针旋转90° | 第四步：握住把手，拉出票箱 |

图 3-27 取出票箱操作示意图

(3) 装入新票箱。装好新票箱后，等待界面显示新票箱 ID 号码，操作界面会提示装入成功，并要求设置补票数量，如图 3-28 所示。

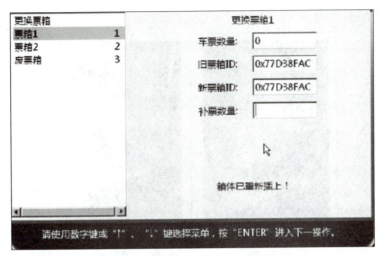

图 3-28　新票箱装入后显示界面

(4) 设置补票数量。装好新票箱后，下一步就是在维护面板上设置补票数量。注意：设置补票数量时，务必要确保自动售票机票箱卡槽里没有任何剩余车票，否则在设置补票数量时就要加上原先留有的车票数量。设置好补票数量后，按下【ENTER】键，等待返回结果，界面提示操作结束，即为票箱更换作业完成，如图 3-29 所示。

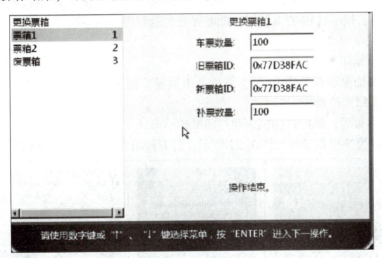

图 3-29　补票数量设置成功界面

(5) 票箱更换结束后，维护打印机自动打印维护小票。

2. 自动售票机票箱清空作业

运营结束后，车站要对自动售票机进行结账，清点尚未发售的车票。自动售票机提供了一键清空票箱的功能，即可实现把票箱剩余的车票全部清空的目的。

(1) 打开维护门，登录维护终端，依次选择菜单：【日常操作】—【清空票箱】—【票箱 A/票箱 B/发售模块】，按下【ENTER】键。

(2) 听到车票掉落的声音结束后，再等待界面返回清空结果。

3. 自动售票机废票箱更换作业

更换自动售票机废票箱时，只需打开维护门，拉出废票箱，动手直接取出在内的废票即可，无须登录系统，如图 3-30 所示。

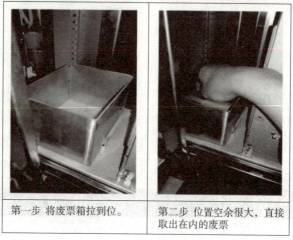

图 3-30　废票箱更换操作

二、自动售票机硬币钱箱更换、清空作业

1. 自动售票机硬币找零箱更换作业

（1）登录维护终端，依次选择菜单项【日常操作】—【更换硬币找零箱】—【找零箱 A/找零箱 B】，按下【ENTER】键，此时界面会返回当前找零箱的 ID。

（2）取出找零箱。

（3）插入新箱体。

（4）等待界面显示新箱体 ID 后，修改补币数量，按下【ENTER】键，等待返回结果。界面提示效果参照票箱操作。

（5）更换结束后，维护打印机自动打印维护小票。

硬币找零箱更换操作步骤如图 3-31 所示，打开硬币找零箱操作步骤如图 3-32 所示。

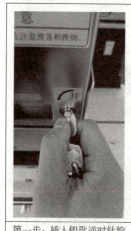  

图 3-31　更换硬币找零箱操作

| 第一步：插入钥匙顺时针旋转90° | 第二步：将上盖往前推，直至两个红色箭头标识对齐 | 第三步：向上抬起盖子 |

图 3-32　打开硬币找零箱操作

2. 自动售票机硬币回收箱更换作业

（1）登录维护终端，依次选择菜单项【日常操作】—【更换钱箱】—【硬币钱箱】，按下【ENTER】键，此时界面会返回当前硬币回收箱的 ID。

（2）取出硬币回收箱。

（3）装入新硬币回收箱。

注意事项：推入硬币回收箱前一定确认状态为绿色，否则在红色状态强行推入，将导致钱箱损坏。如果推入过程中未能一次性推入，中途钱箱有被弹出，不可再继续推入，则需要重新确认状态。

（4）等待界面显示新箱体 ID，按下【ENTER】键，等待操作结果。

（5）更换结束后，维护打印机自动打印维护小票。

硬币回收箱更换操作步骤如图 3-33 所示，打开硬币回收箱操作步骤如图 3-34 所示。

3. 自动售票机硬币清空作业

（1）打开维护门，登录维护终端，依次选择菜单项【日常操作】—【清空找零箱】—【硬币找零箱 A/硬币找零箱 B/循环找零箱 A/循环找零箱 B】，按下【ENTER】键。

（2）听到硬币掉落的声音结束后，再等待界面返回清空结果。

三、自动售票机纸币钱箱更换作业

1. 自动售票机纸币钱箱更换作业

（1）登录维护终端，依次选择菜单项【日常操作】—【更换钱箱】—【纸币钱箱】，按下【ENTER】键，此时界面会返回当前纸币钱箱的 ID。

（2）取出纸币钱箱。

（3）重新插入新箱体。注意事项：如果钱箱左上角的指示标识为红色，则在插入箱体时无法插到底，需要重新解锁钱箱，直至指示标识为绿色。

（4）等待界面显示新箱体 ID 后，按下【ENTER】键，等待操作结果。

（5）更换结束后，维护打印机自动打印维护小票。

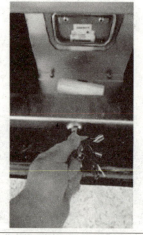
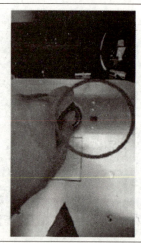

第一步：插入钥匙顺时针旋转90°，硬币回收箱自动弹出一段后，将其完全拉出（此时硬币钱箱的状态标识为红色）

第二步：更换新的箱体，确认硬币钱箱的状态标识为绿色

第三步：将硬币回收箱一次推到底，直到锁扣上锁，箱体不会被弹出

图3-33　更换硬币回收箱操作

第一步，打开回收箱锁
注：此时回收箱显示窗为红色

第二步，打开回收箱盖，将内部硬币全部取出，并分类（回收箱中有1元和5角硬币）

第三步，合上箱盖，并锁好
注：回收箱锁上以后显示窗应为绿色

图3-34　打开硬币回收箱操作

纸币钱箱更换操作步骤如图 3-35 所示，打开纸币钱箱操作步骤如图 3-36 所示。

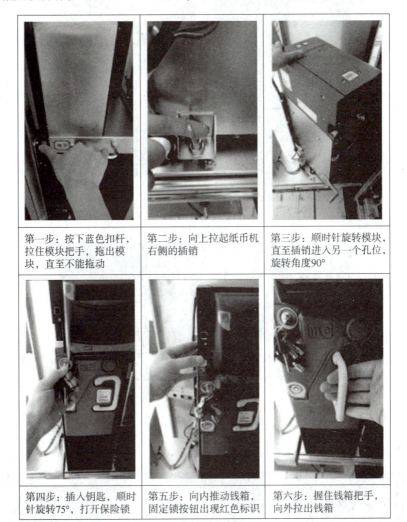

图 3-35　更换纸币钱箱操作

2. 自动售票机纸币找零箱更换作业

（1）登录维护终端，依次选择菜单项【日常操作】—【更换找零箱】—【5 元纸币找零钱箱/10 元纸币找零钱箱】，按下【ENTER】键，此时界面会返回当前箱体的 ID。

（2）取出纸币找零钱箱。

（3）重新插入新箱体。

（4）等待界面显示新箱体 ID 后，按下【ENTER】键，等待操作结果。

（5）更换结束后，维护打印机自动打印维护小票。

纸币找零箱更换操作步骤如图 3-37 所示，打开纸币找零箱操作步骤如图 3-38 所示。

3. 自动售票机纸币找零废钞箱更换作业

（1）登录维护终端，依次选择菜单项【日常操作】—【更换找零箱】—【纸币找零废钞箱】，按下【ENTER】键，此时界面会返回当前箱体的 ID。

第一步：取出钱箱

第三步：拨开压钞板，取出纸币

第二步：插入钥匙，逆时针旋转90°，打开钱箱

第四步：用钥匙关闭钱箱

图 3-36 打开纸币钱箱操作

第一步：按住模块锁扣按钮，握住把手向外拉出模块

第二步：按下绿色锁扣，箱体会自动弹出一小段

第三部：向外抽出箱体

图 3-37 更换纸币找零箱操作

（2）取出纸币找零废钞箱。

（3）重新插入新箱体。

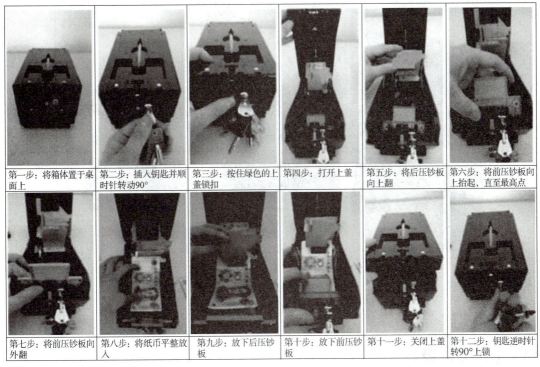

图 3-38　打开纸币找零箱操作

（4）等待界面显示新箱体 ID 后，按下【ENTER】键，等待操作结果。

（5）更换结束后，维护打印机自动打印维护小票。

纸币找零废钞箱更换操作与纸币找零箱类似，如图 3-39 所示，打开纸币找零废钞箱操作步骤如图 3-40 所示。

图 3-39　纸币找零废钞箱

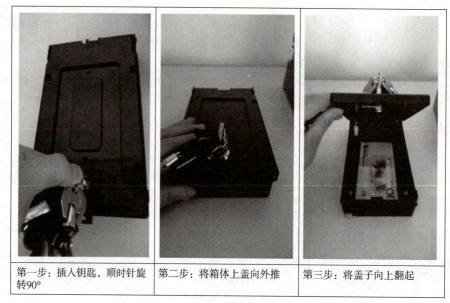

图 3-40　打开纸币找零废钞箱

【任务实施】

利用校内实训基地相关设备，完成自动售票机票箱更换清空作业，硬币补币箱、找零箱更换清空作业，纸币钱箱更换作业，撰写总结报告。

【任务评价】

评价方法：以小组为单位进行评价，评价主体为教师和学生，教师评价占60%，小组自评占20%，组间互评占20%，见表3-5。

表 3-5　任务评价

序号	评价标准	分数	评分记录		
			小组自评	组间互评	教师评价
1	小组成员的参与情况	10			
2	票务作业流程的逻辑合乎性	30			
3	票务作业成功情况	50			
4	任务提交的及时性	10			

【巩固与练习】

一、选择题

1. 自动售票机用绿色、黄色和红色等颜色来表示设备不同的状态，黄色表示（　　）。
   A. 状态正常　　　　　B. 状态警告　　　　　C. 状态错误　　　　　D. 状态故障

2. 下列不属于自动售票机暂停服务范围的是（　　）。
   A. 设备维护　　　　B. 设备故障　　　　C. 运营维护　　　　D. 降级模式
3. 自动售票机接受的支付方式不包括（　　）。
   A. 纸币　　　　　　B. 硬币　　　　　　C. 纸币、硬币混合　　D. 纪念币
4. 自动售票机只收纸币的原因是（　　）。
   A. 补充找零箱满　　　　　　　　　　B. 循环找零箱满
   C. 硬币处理模块卡币　　　　　　　　D. 纸币钱箱没有安装好
5. 自动售票机接收的硬币首先进入（　　）。
   A. 补充找零箱　　　B. 循环找零箱　　　C. 硬币钱箱　　　　D. 纸币钱箱

二、判断题

1. 更换票箱时，要求工作人员严格按照操作结果及具体步骤提示进行操作。（　　）
2. 运营过程中，可以使用自动售票机一键清空票箱的功能。（　　）
3. 推入硬币回收箱前，状态为红色也可以推入。（　　）
4. 按线路购票的方式适用于熟悉城市轨道交通线路的乘客，乘客可快速选择目的站点。（　　）
5. 自动售票机可接受任何面额的纸币。（　　）

三、简答题

对照城市轨道交通服务员国家职业技能标准，简述站务员三级（高级工）售检票设备运行保障技能要求。

任务3　自动售票机故障情形下票务事务处理

【任务目标】

1. 知识目标

（1）熟悉自动售票机常见故障处理方法。
（2）掌握自动售票机故障情形下票务事务处理流程。

2. 能力目标

（1）能处理自动售票机常见故障。
（2）会根据规定处理自动售票机故障情形下各项票务事务。

3. 思政与素养目标

（1）培养学生的临场应变能力和有效沟通能力。
（2）培育学生沉着冷静、攻坚克难、认真钻研的职业品质。

【任务描述】

根据所给案例，完整、准确地写出处理流程。

【任务知识库】

知识库1 自动售票机常见故障处理

一、自动售票机常见故障概述

自动售票机在运行过程中可能会出现诸如乘客操作显示屏点击无反应、无法选择车站、不接收硬币或纸币、少找零或不找零、不出票等情形，出现这种情况就需要车站工作人员掌握自动售票机故障处理技巧，及时回应与处理乘客的诉求。如不能当场解决，则需要及时报修。

二、自动售票机常见故障处理

1. 系统无法启动

1）原因分析

（1）系统损坏。

（2）主板相关连接线或硬件故障，如屏幕信号、电源线松动或屏幕故障等。

（3）主板松动。

（4）主控单元电源电压不稳等。

2）处理方法

（1）重装系统。

（2）拆除单个硬件，定位故障点，插拔屏幕信号线和电源线。

（3）更换主控单元供电模块。

2. 乘客操作显示屏蓝屏或花屏

1）原因分析

视频接口接触不良或者主控单元故障。

2）处理方法

检查接口线缆是否松动，首先从备件或者临近的设备上拆下显示屏换上，以确定是否为显示屏原因导致花屏；如果故障是由主控单元导致，则予以更换。

3. 不接收硬币

1）原因分析

（1）硬币接收器故障或卡币。

（2）暂存器位置偏移。

（3）硬币钱箱已满或未正确安装。

（4）硬币传送通道故障等。

2）处理方法

（1）清理卡币及更换硬币接收器。

（2）重新调整暂存器位置。

（3）更换新钱箱或确认钱箱已装好。

（4）检查硬币传送通道是否存在异常等。

4. 少找零或找零失败

1) 原因分析

（1）主找零器或缓存找零器卡币。

（2）送币通道有故障。

（3）设备中记录的硬币数量与实物不一致。

（4）硬币模块没有推到位。

2) 处理方法

（1）清理卡币并检查各找零器出币口是否存在异常。

（2）检查送币通道是否存在异常。

（3）结账，重新补充数据及硬币。

（4）把硬币模块推到位。

5. 无法发售单程票

1) 原因分析

（1）票箱内有异物导致无法正常出票。

（2）发卡通道卡票。

（3）传感器故障。

（4）单程票控制板故障等。

2) 处理方法

（1）取出票箱里的异物。

（2）清理发卡通道卡住的车票。

（3）更换损坏的传感器。

（4）更换控制板。

6. 纸币找零器无法找零

1) 原因分析

（1）纸币找零器通道卡币。

（2）纸币找零箱内的纸币摆放不整齐。

（3）拾钞模块、控制板故障。

2) 处理方法

（1）清理卡在通道内的纸币。

（2）重新摆放钱箱内的纸币。

（3）更换拾钞模块，更换控制板。

◆ 知识库2　自动售票机故障情形下票务事务处理

AFC 终端设备故障情形下乘客票务事务处理

一、卡币、卡票等票务事务处理

1. 卡币、卡票或找零不足的处理

当乘客反映自动售票机卡币、卡票或找零不足时，客运值班员首先要检查自动售票机投币口或取票口是否有纸币、硬币、车票堵塞或显示屏是否显示卡币、卡票或找零不足故障代码，确认故障情况。如显示屏显示相应故障代码，则应按车站规定填写乘客事务处理单，对卡币的乘客以多退少补的原则给乘客发售相应面值的车票；对卡票的乘客可通过设置在客服

中心的半自动售票机按乘客要求重新发售一张车票或者办理退票手续；对找零不足的乘客可在半自动售票机退还相应票款给乘客，如图3-41所示。

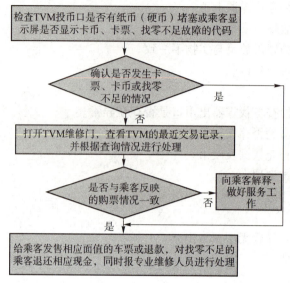

图3-41 自动售票机卡币卡票或找零不足处理流程

如检查投币口或取票口无纸币、硬币、车票堵塞、显示屏未显示相应故障代码，则由客运值班员与另一员工共同打开自动售票机维修门，查看自动售票机最近交易记录，再根据情况进行处理。若自动售票机显示正常且没有乘客反映的购票情况一致的交易记录，则说明没有卡币、卡票或找零不足情况发生，由客运值班员负责向乘客做好解释工作。如果乘客不接受解释，坚持认为设备存在问题，则可以向值班站长申请调取车站监控录像，根据录像情况做出相应处理。

2. 充值不成功的处理

当乘客反映自动售票机充值不成功时，客运值班员与值班站长共同打开自动售票机维修门，查看最近交易记录，确认是否有与乘客反映一致的充值交易记录。若没有乘客反映的充值交易记录，则应立即通知专业维修人员到现场处理，确认自动售票机是否发生已收款但充值不成功的情况，客运值班员根据维修人员判断结果进行乘客事务处理。

若有乘客反映相符的充值交易记录，则在半自动售票机上分析车票，根据查询情况，核实是否确有发生自动售票机已收款但充值不成功的情况。

若半自动售票机分析车票显示已成功充值，则请乘客通过显示屏确认车票充值前后余额及相应时间，将票卡交还乘客并做好解释工作。

若半自动售票机分析车票余额及历史交易记录均显示没有充值记录，则表示自动售票机确实发生已收款但充值不成功情形，客运值班员需按规定做好记录，再根据乘客需要在半自动售票机上给乘客办理等额充值或退款，如图3-42所示。

二、自动售票机能力不足票务事务处理

自动售票机能力不足指车站出现突发大客流、设备故障等特殊情况时，由于现有的自动售票机数量有限，不能满足乘客购票需要，导致大量乘客在车站非付费区滞留并等候购票的情况。票务事务处理主要针对车站自动售票机部分或全部故障，或由于车站突发大客流导致

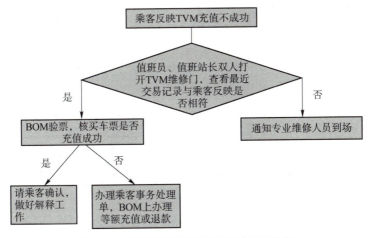

图 3-42　自动售票机充值不成功处理流程

售票设备能力不足等情况。

1. 部分自动售票机故障票务事务处理

当车站部分自动售票机故障时，若能立即修复，则客运值班员应按操作规程进行处理；若不能当场修复，则客运值班员应及时向有关部门报修，并做好报修记录。车站工作人员在值班站长指挥下做好乘客引导宣传工作。若客流持续加大，则值班站长可下令适当加开半自动售票机，安排站务员在半自动售票机上出售单程票，加大售票能力。

2. 全部自动售票机故障

当车站全部自动售票机故障时，客运值班员应立即通知值班站长，向相关部门报修，做好记录。客运值班员及车站其他工作人员在值班站长指挥下做好乘客宣传疏导工作。全部自动售票机故障时，值班站长安排站务员在半自动售票机上出售单程票。根据客流情况，由值班站长报站长确定是否需要出售预制单程票或应急纸票，并报告运营控制中心行车调度员，由行车调度员通知其他车站做好乘客检票准备工作。同时，安排工作人员引导持应急纸票的乘客从应急通道或开放边门进站。当自动售票机恢复正常或客流缓解时，由值班站长决定停止售卖预制单程票或应急纸票，并上报运营控制中心行车调度员。

自动售票机部分或全部故障票务处理流程如图 3-43 所示。

【任务实施】

2020 年 9 月 13 日，某地铁 2 号线某站运营过程中，有乘客反映：他在使用 TVM 机充值过程中，塞入比较旧的 100 元纸币，TVM 机显示"充值不成功"，且未退出 100 元纸币。

假如你是该车站站务员，值班站长要求你迅速赶到故障 TVM 机处理，请你按照处理流程完成该项任务。

【任务评价】

评价方法：以小组为单位进行评价，评价主体为教师和学生，教师评价占 60%，小组自评占 20%，组间互评占 20%，见表 3-6。

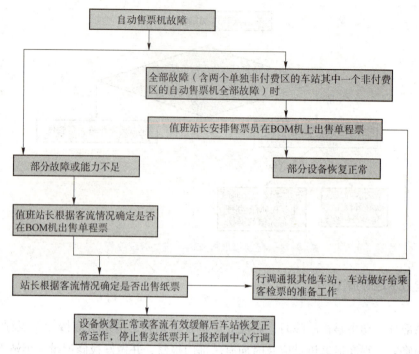

图 3-43 自动售票机故障处理流程

表 3-6 任务评价

序号	评价标准	分数	评分记录		
			小组自评	组间互评	教师评价
1	小组成员的参与情况	20			
2	流程的完整性	30			
3	故障处理的合理性	40			
4	任务提交的及时性	10			

【巩固与练习】

一、选择题

1. 不属于单个车站全部自动售票机故障影响的是（　　）。
   A. 乘客无法自助购买单程票　　B. 车站须启动 BOM 购买单程票
   C. 人工售卖预制单程票　　　　D. 人工引导乘客进出闸机

2. 某地铁车站大面积 TVM 故障，值班站长可采取（　　）应对措施。
   A. 通过 BOM 提前预制单程票　　B. 开启进站免检模式
   C. 引导乘客从边门进站　　　　D. 车站出入口限流

3. 对地铁形象、地铁运营、车站管理、乘客出行影响较大的（　　）设备故障方可定义为车站级设备重大故障。
   A. 大量　　　　B. 较少　　　　C. 全部　　　　D. 少量

4. 乘客遇售票系统故障时，车站工作人员应该进行故障排查，按规定启用应急（　　）程序。

　　A. 售票/换票　　　　　　　　　　B. 售票/退票

　　C. 售票/改签/退票　　　　　　　　D. 售票/换票/退票

5. 下列关于全部自动售票机故障情形下票务事务处理说法不正确的是（　　）。

　A. 客运值班员及车站其他工作人员在值班站长的指挥下做好乘客的宣传疏导工作

　B. 视客流情况是否需要出售预制单程票或应急纸票

　C. 直接开放边门让乘客进站

　D. 应急纸票的使用需要获得行调的授权

二、判断题

1. 自动售票机系统无法启动，可能是主板松动。　　　　　　　　　　（　　）
2. 自动售票机不接收硬币的原因是票箱没有正确安装。　　　　　　　（　　）
3. 自动售票机卡币、卡票或找零不足时，客运值班员需确认故障代码。（　　）
4. 车站部分自动售票机故障时，若能立即修复，则客运值班员应按操作规程进行处理。

　　　　　　　　　　　　　　　　　　　　　　　　　　　　　　　　（　　）

5. 持应急纸票的乘客从应急通道或开放边门进站。　　　　　　　　　（　　）

三、简答题

1. 自动售票机哪些模块容易发生故障？导致自动售票设备故障的因素有哪些？
2. 写出全部自动售票机故障情形下票务事务的处理流程。

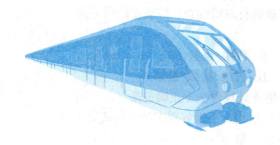

项目 4

半自动售票机结构认知与票务事务处理

项目导读

半自动售票机（Booking Office Machine，BOM）通常安装在车站站厅层乘客服务中心内，是城市轨道交通车站终端设备的重要组成部分，可为付费区和非付费区的乘客提供服务。半自动售票机结构虽简单，但功能却更全面，具有车票发售、充值、分析、更新、退票及车票查询等功能。

项目结构图

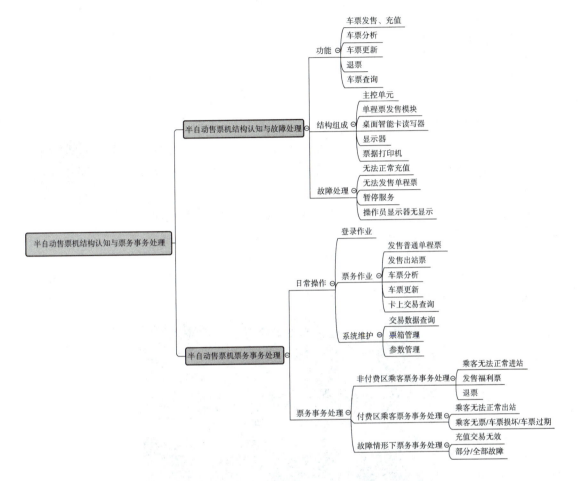

任务1　半自动售票机结构认知与故障处理

【任务目标】

1. 知识目标

（1）掌握半自动售票机的主要功能。
（2）熟悉半自动售票机的结构组成。

2. 能力目标

（1）能完整说出半自动售票机的功能。
（2）能准确比较自动售票机与半自动售票机结构和功能的异同。

3. 思政与素养目标

（1）培养学生的比较分析能力和解决复杂问题的能力。
（2）培育学生积极探索、沉着冷静和攻坚克难的职业品质。

【任务描述】

比较自动售票机与半自动售票机结构和功能的异同。

【任务知识库】

❄ 知识库1 半自动售票机功能与性能指标

一、半自动售票机功能

半自动售票机位于车站客服中心（见图4-1），由工作人员辅助来实现各项功能。根据半自动售票机的服务范围划分，可分为功能单一和功能结合半自动售票机两种。

视频 BOM功能及结构认知

对功能单一的半自动售票机来说，一般分离单独设置，且必须同时至少部署两台，分别面向付费区和非付费区的乘客提供票务服务。

对功能结合的半自动售票机来说，理论上只需部署一台，即可以服务于付费区和非付费区的乘客。功能结合的半自动售票机最为常见，可以同时为非付费区和付费区服务，兼顾售、补票功能，需在两个区域单独设置乘客显示器。

图4-1 城市轨道交通车站半自动售票机

车站工作人员通过半自动售票机进行车票发售，为车站提供信息服务，半自动售票机可自动按照系统设置要求定时将相关资料上传到车站计算机，以供运营部门进行统计、分析，其主要功能可分为以下三大类。

1. 车票发售、充值功能

半自动售票机发售包括普通单程票、储值票、出站票、纪念票、一日票、三日票等在内的各种车票，并可对储值票进行充值。

2. 车票分析功能

半自动售票机可对票卡内容进行分析，包括卡号、卡类型、卡状态、卡金额、日期、入站标志和有效性等信息。

3. 票务事务处理及服务功能

半自动售票机可对无法正常进出站的车票进行付费或免费更新处理，处理退票，受理车票挂失，查询历史交易及打印票务记录和每班财务记录等。

二、半自动售票机性能指标

不同型号、品牌的半自动售票机性能指标不一，但基本相同。以某地铁车站使用的半自动售票机为例，其性能指标见表4-1。

表4-1 半自动售票机性能指标

项目	性能参数
输入电源	$220\times(1+10\%/-15\%)$ V，$50\times(1+4\%)$ Hz
功率/W	$\leqslant 100$
整体可靠性	MCBF$\geqslant$100 000次，MTTR$\leqslant$30 min
与车站计算机通信	RJ45 10/100 Mb/s 以太网
工作台外形尺寸/mm	$\leqslant$1 200（宽）×600（深）×800（高）
车票（卡式封装）容量	$\geqslant$1 000张/票箱（2个票箱）；$\geqslant$300张/废票箱（1个废票箱）

知识库2 半自动售票机结构认知与故障处理

一、半自动售票机结构组成

与自动售票机相同的是，半自动售票机结构主要由主控单元、单程票发售模块、操作员显示器、乘客显示器、桌面智能卡读写器、票据打印机及电源模块等构成，如图4-2所示。

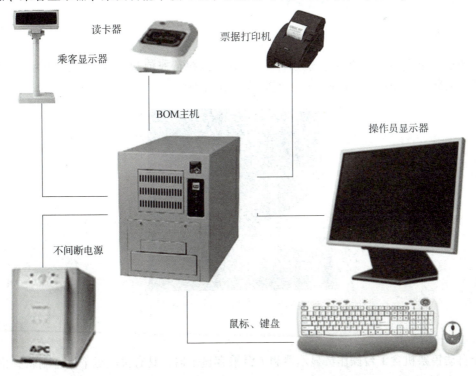

图4-2 半自动售票机结构组成

与自动售票机不同的是，从外观上看，半自动售票机没有明显的外部结构与内部结构之分，且半自动售票机各结构组成没有形成一个整体，呈分散设置状态，如图 4-3 所示。

1. 主控单元

主控单元（Electrical Control Unit，ECU）是负责运行半自动售票机的控制软件，可完成车票处理、数据通信、状态监控及故障检测等功能。主控单元采用模块化设计，以满足物理和功能上的互换性要求，便于维护。

2. 单程票发售模块

与自动售票机类似，半自动售票机单程票发售模块由票卡读写器和车票处理模块组成。前面已述，此处不再详述，如图 4-4 所示。

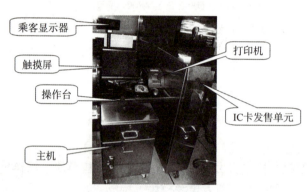

图 4-3　半自动售票机外观

图 4-4　半自动售票机单程票发售模块

3. 桌面智能卡读写器

桌面智能卡读写器的功能是读取智能卡信息，以执行充值和消费操作，如图 4-5 所示。读写器的有效读写距离是 10 cm，交易时间为 200~1 000 ms。

图 4-5　桌面智能卡读写器

4. 显示器

半自动售票机含 1 台操作员显示器和 1 台乘客显示器，具有抗电磁干扰、刷新频率快等特点。操作员显示器用于操作员进行各种业务操作，乘客显示器则向乘客提示业务信息。

5. 票据打印机

票据打印机用于车票发售和加值单据打印，也用于打印班次报表或其他有关信息，可以通过设定，选择每完成一次交易，打印机就打印一次，给出运行号、系列号和截止日期等。半自动售票机一般采用小型针式打印机，也可采用小型热敏打印机。热敏打印机具有使用寿命长、故障率低的优点，但打印后的单据不能长期保存。

二、半自动售票机故障处理

半自动售票机在运行过程中可能会出现无法正常充值等故障，出现这种情况就需要车站工作人员掌握常见故障处理技巧，及时回应与处理乘客的诉求。如不能当场解决，则需要及时报修。

1. 无法正常充值

1）原因分析

储值票读卡器没有正确连接。

2）处理方法

正确连接储值票读卡器。

2. 无法发售单程票

1）原因分析

（1）单程票发售模块内没有放入车票。

（2）票箱没有正确安装。

2）处理方法

（1）放入发售用车票。

（2）正确安装票箱。

3. 启动后显示暂停服务

1）原因分析

维护门没有关上。

2）处理方法

检查维护门并将维护门全部关紧上锁。

4. 操作员显示器无显示

1）原因分析

（1）主控单元没有开机。

（1）显示器处于关闭状态。

2）处理方法

（1）打开主控单元电源开关。

（2）打开显示器电源开关。

【任务实施】

（1）分组讨论自动售票机与半自动售票机结构和功能的异同点，完成表 4-2 所列表格。

表 4-2　自动售票机与半自动售票机结构和功能的异同点

设备名称	结构		功能
	相同点	不同点	
自动售票机			
半自动售票机			

【任务评价】

评价方法：以小组为单位进行评价，评价主体为教师和学生，教师评价占60%，小组自评占20%，组间互评占20%，见表4-3。

表 4-3　任务评价

序号	评价标准	分数	评分记录		
			小组自评	组间互评	教师评价
1	小组成员的参与情况	10			
2	结构相同点概括的完整性	30			
3	结构不同点概括的完整性	30			
4	功能概括的完整性	20			
4	任务提交的及时性	10			

【巩固与练习】

一、选择题

1. 不属于半自动售票机功能的是（　　）。
   A. 车票分析　　　　　　　　　B. 车票更新
   C. 退票　　　　　　　　　　　D. 对车票有效性做出检测

2. 半自动售票机票务事务功能不包括（　　）。
   A. 发售出站票　　　　　　　　B. 处理退票
   C. 车票更新　　　　　　　　　D. 发售预赋值单程票

3. 下列属于半自动售票机结构的是（　　）。
   A. 纸币模块　　　　　　　　　B. 硬币模块
   C. 单程票发售模块　　　　　　D. 现金处理模块

4. 下列关于半自动售票机主控单元功能的说法，不正确的是（　　）。
   A. 车票处理　　　　　　　　　B. 现金显示
   C. 数据通信　　　　　　　　　D. 状态监控及故障检测

5. 下列关于半自动售票机桌面智能卡读写器的说法，不正确的是（　　）。
   A. 分析车票　　　　　　　　　B. 查询车票信息
   C. 只读不写　　　　　　　　　D. 既读又写

二、判断题

1. 半自动售票机内部结构比自动售票机复杂。（   ）
2. 半自动售票机单程票发售模块由票卡读写器和车票处理模块组成。（   ）
3. 桌面智能卡读写器只能进行充值，不能进行消费操作。（   ）
4. 当车站部分半自动售票机出现故障时，若能立即修复，则客运值班员应按操作规程进行处理。（   ）
5. 车站工作人员需掌握半自动售票机常见的故障处理技巧。（   ）

三、简答题

1. 简述半自动售票机功能。
2. 简述半自动售票机结构组成。

任务 2　半自动售票机票务事务处理

【任务目标】

1. 知识目标

掌握半自动售票机车票发售、车票分析与车票更新等操作。

2. 能力目标

能熟练操作半自动售票机完成各项票务事务的处理。

3. 思政与素养目标

（1）培养学生的知识应用能力和全心全意为乘客服务的意识。
（2）培育学生严谨认真、精益求精、乐于助人的职业品质。

【任务描述】

利用半自动售票机完成各种情境下乘客票务事务的处理。

【任务知识库】

❀ 知识库 1　半自动售票机日常操作

一、半自动售票机登录作业

半自动售票机软件支持车站工作人员根据乘客的需求进行购票、充值、车票分析、更新、退票和补票等操作，开始作业前，工作人员需进行登录作业才能进入操作界面；作业结束后，工作人员需退出登录。

1. 系统登录

（1）开机。确保接线板上的电源开关打开，开启主控单元。若成功开启，则可听到一声短鸣，紧接着显示器会有信息显示。

（2）操作系统开启，半自动售票机自动启动，等待登录界面。

（3）在登录界面，输入用户名和密码，然后单击【确认】按钮，系统会对用户名和密码有效性进行验证，如果验证失败，则会给出错误提示信息，并提示再次输入用户名和密码，如图4-6~图4-8所示。

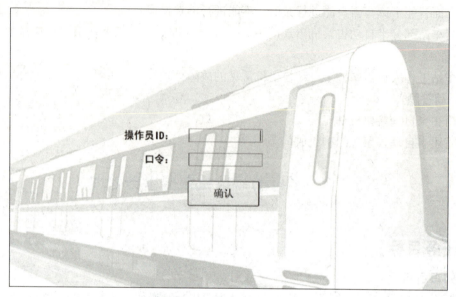

图4-6 半自动售票机登录界面

图4-7 操作员不存在界面

用户登录以后，会根据不同的用户类型，启用或禁用相应的功能。

2. 服务区切换

当用户输入正确的用户名和密码时，单击【确认】按钮登录成功后，进入系统操作主界面。用户登录以后，会根据不同区域的乘客情况勾选付费区和非付费区，完成非付费区与付费区之间的切换，如图4-9和图4-10所示。

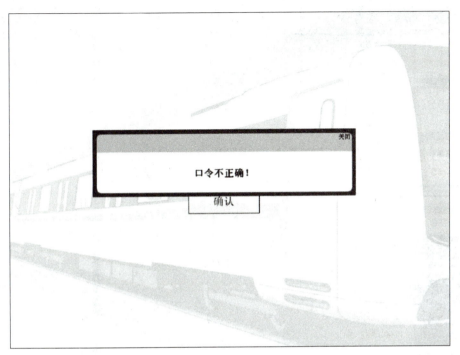

图 4-8　口令不正确界面

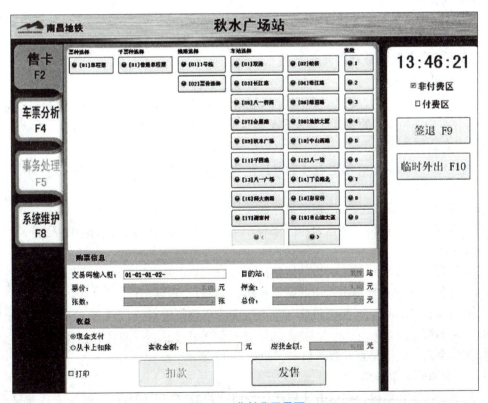

图 4-9　非付费区界面

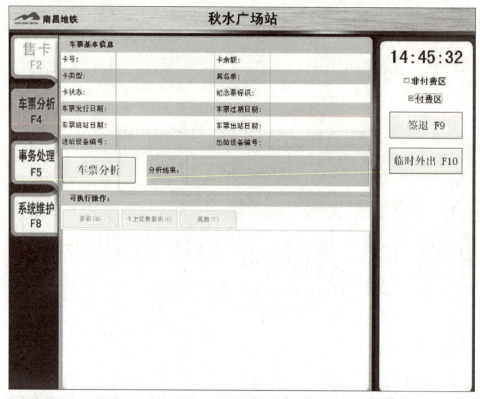

图 4-10 付费区界面

二、半自动售票机票务作业

1. 发售普通单程票

发售普通单程票是半自动售票机的基本功能，但从实际应用情况来看，城市轨道交通车站客服中心较少向非付费区的乘客直接发售车票。半自动售票机售票界面如图 4-11 所示。

1）现金购买单程票

若当前处于非付费区，则单击【售票】按钮；若当前处于付费区，则勾选【非付费区】选项，进入售票界面。

（1）票种选择单程票，则出现子票种选项。

（2）选择一种单程票（单击对应的票种小类按钮），比如选择【普通单程票】，则出现所有可选线路。

（3）选择一条线路（单击对应的线路按钮），则出现该线路下的所有可选车站。

（4）选择某个站点（单击对应的站点按钮），则自动得到票价。

（5）在票数选择区选择购票张数（单击对应的票数按钮），当票数更改时，应收金额自动计算，且不可更改。

操作结束后，确定是否发售该票卡，如图 4-12 所示。

2）一卡通购买单程票

若当前处于非付费区，则单击【售票】按钮；若当前处于付费区，则勾选【非付费区】选项，进入售票界面。

（1）票种选择单程票，则出现子票种选项。

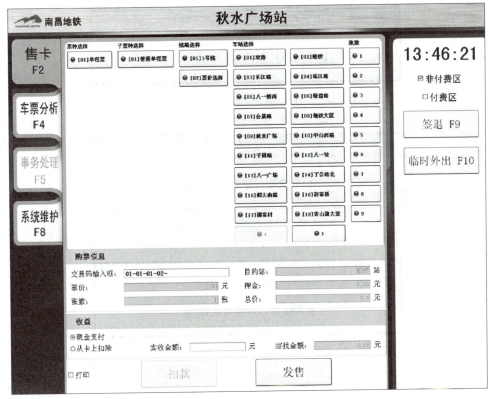

图 4-11 半自动售票机售票界面

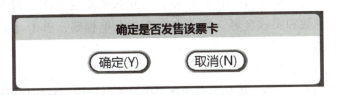

图 4-12 车票确认发售提示界面

(2) 选择一种单程票（单击对应的票种小类按钮），比如选择【普通单程票】，则出现所有可选线路。

(3) 选择一条线路（单击对应的线路按钮），则出现该线路下的所有可选车站。

(4) 选择某个站点（单击对应的站点按钮），则自动得到票价。

(5) 在票数选择区选择购票张数（单击对应的票数按钮），当票数更改时，应收金额自动计算，且不可更改。

(6) 选择从卡上扣款，在读卡器上放入一卡通，单击【扣款】按钮，弹出确认提示，单击【确定】按钮，提示扣款成功，如图 4-13 和图 4-14 所示。

(7) 换上单程票放在读卡器上，单击【发售】按钮。

(8) 显示发售进度，当一次性发售多张单程票时，发售过程中会弹出确认提示框，单击确认发售票卡，已销售数量增加 1，再放上下一张票卡，继续单击【发售】按钮，再跳出确认发售提示，以此类推，直至发售完成，如图 4-15 所示。

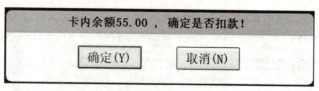

图 4-13　确认扣款界面

图 4-14　扣款成功界面

图 4-15　售单程票成功界面

2. 发售出站票

在付费区，选择【事务处理】选项，若处理方式为发售免费出站票，则输入张数，在读卡器上放上单程票，单击【确认】按钮，有几张就重复几次。若处理方式为发售付费出站票，则输入张数和实收金额，在读卡器上放上单程票，单击【确认】按钮，有几张就重复几次，如图 4-16 所示。

3. 车票分析

相较于自动售票机，车票分析是半自动售票机的独有功能，从应用场景来看，当乘客遇到不能正常进、出站情形时，车站工作人员就需要用上车票分析功能，以判断车票具体情况。

根据乘客所在非付费区或付费区情况，在读卡器上放入要分析的车票，车票基本信息和上轮操作信息会自动跳出，如图 4-17 所示。

4. 车票更新

车票分析后，单击【更新】按钮，跳转至更新界面，如图 4-18 所示。输入实收金额，单击【更新】按钮，提示成功，返回车票分析界面。

5. 卡上交易查询

车票分析后，选择【卡上交易查询】选项，跳转至卡上交易查询界面，显示卡上交易查询结果，如图 4-19 和图 4-20 所示。

三、半自动售票机系统维护

半自动售票机系统维护功能主要包括数据查询、票箱管理、参数管理、出票模式等，如图 4-21 所示。

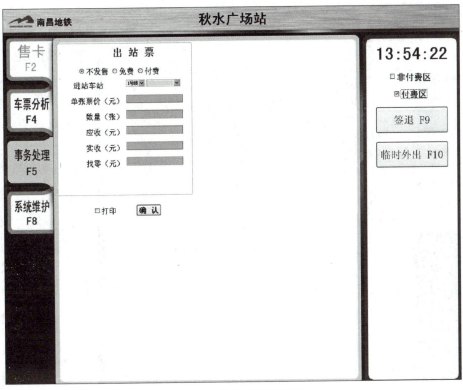

图 4-16　发售出站票界面

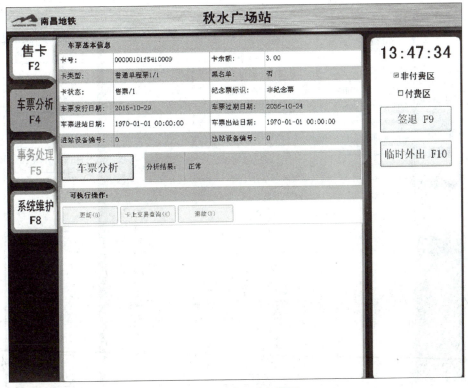

图 4-17　车票分析界面

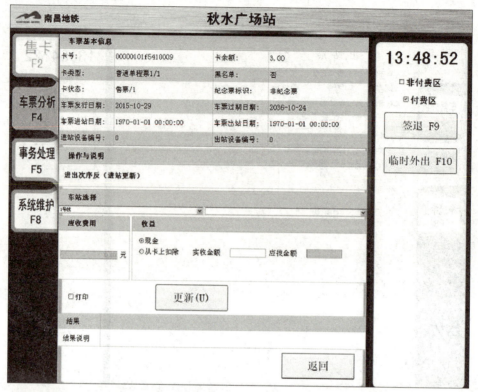

图 4-18 车票更新界面

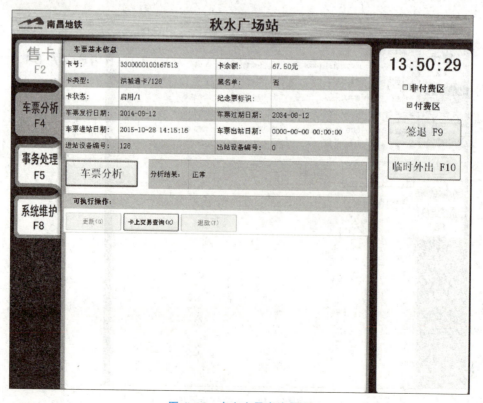

图 4-19 卡上交易查询界面

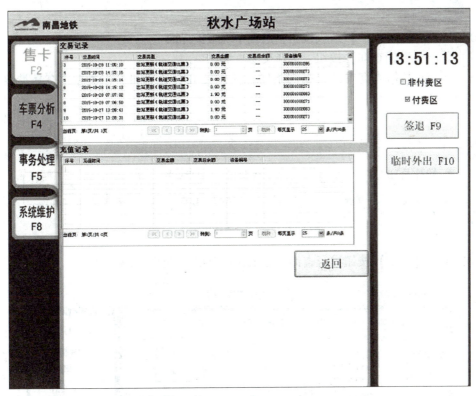

图 4-20　卡上交易查询结果界面

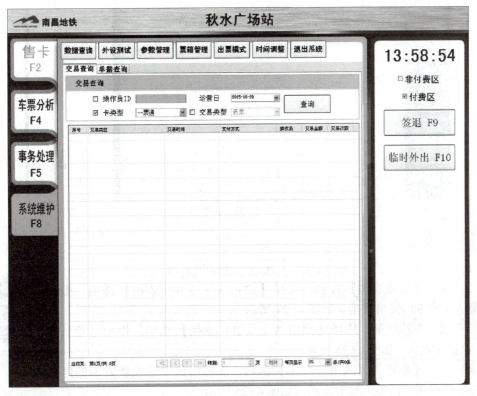

图 4-21　系统维护界面

1. 交易数据查询

（1）单击【系统维护】一级按钮，出现系统维护界面。

（2）单击【数据查询】按钮，选择交易查询。

（3）在交易数据查询中选择查询条件（操作员 ID、运营日、卡类型、交易类型），如图 4-22 所示。

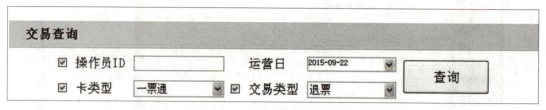

图 4-22　交易数据查询选择条件

（4）单击【查询】按钮进行查询，显示交易数据，如图 4-23 所示。

图 4-23　交易数据查询结果

2. 票箱管理

（1）单击【系统维护】一级按钮，出现系统维护界面。

（2）单击【票箱管理】按钮，选择【票箱 A（或 B）拔出】选项，提示票箱 A（或 B）拔出成功，如图 4-24 所示。

（3）输入票箱数量，选择【票箱 A（或 B）更换】选项，提示票箱 A（或 B）更换成功，如图 4-25 所示。

（4）选择【票箱 A（或 B）发卡】选项，能够听到发卡模块发卡的声音，提示票箱 A（或 B）发卡成功，如图 4-26 所示。

BOM 票箱
更换作业

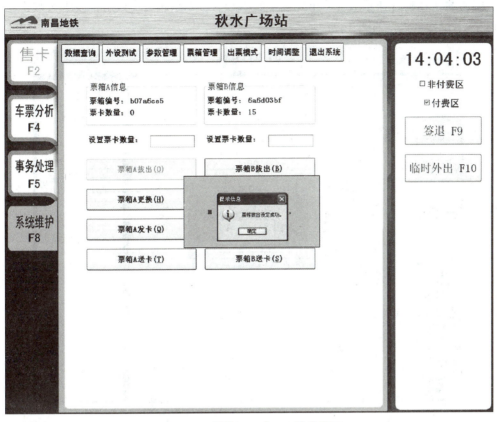

图 4-24 票箱 A（或 B）拔出界面

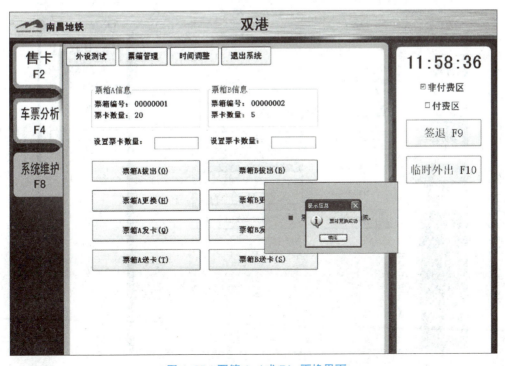

图 4-25 票箱 A（或 B）更换界面

（5）再次选择【票箱A（或B）发卡】选项，提示票箱A（或B）发卡失败，原因是有币在读卡位置警告，如图4-27所示。

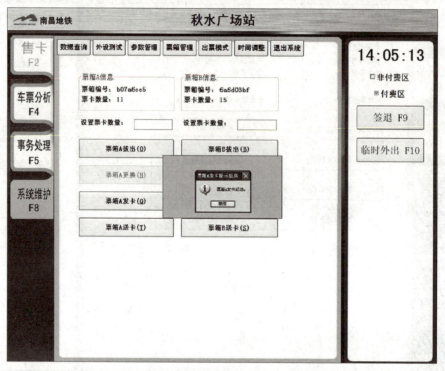

图4-26　票箱A（或B）发卡界面

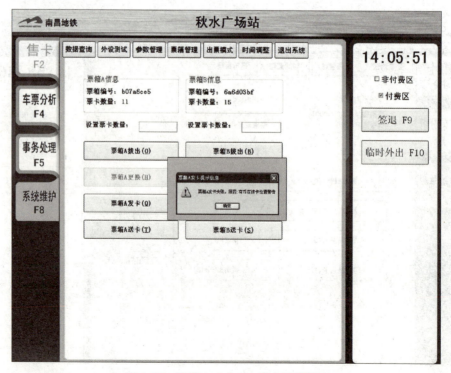

图4-27　票箱A（或B）发卡异常界面

(6) 选择【票箱 A（或 B）发卡】选项，能够听到发卡模块送卡的声音，提示送卡成功，如图 4-28 所示。

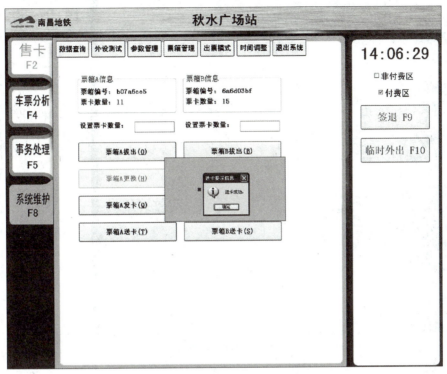

图 4-28　票箱 A（或 B）送卡界面

3. 参数管理

单击【参数管理】按钮，进入参数管理界面，选择参数导入，弹出参数文件路径选择；选择【下发内容】与【下发目标】选项，弹出参数下发成功提示信息，如图 4-29 所示。

知识库 2　半自动售票机票务事务处理

一、非付费区乘客票务事务处理

非付费区乘客票务事务分为票卡类乘客票务事务和设备类乘客票务事务。票卡类乘客票务事务主要有单程票无法正常进站、储值卡无法正常进站、优惠单程票购买、退票办理等；设备类乘客票务事务主要有 TVM 卡币、卡票、少出票、少找零和充值未成功等。

1. 乘客持单程票无法正常进站

1）单程票为本站当天发售、已有进站码

（1）进站时间在 20 min 以内（若为预赋值单程票，需确定在车票有效期内），则免费更新。

（2）进站时间超过 20 min，按相应票种的最低票价收取更新费用。

2）单程票过期

若半自动售票机分析车票为非当天发售的普通单程票，则车票已过期，回收该单程票，请乘客另行购票进站。

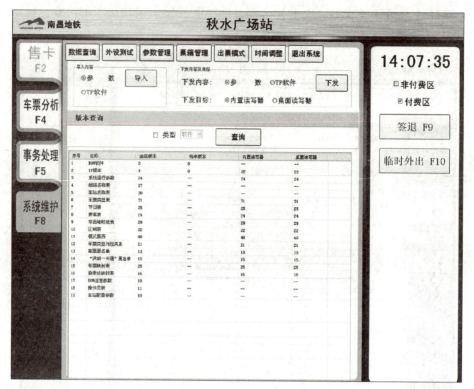

图4-29 参数管理界面

3）单程票非本站发售

（1）若为非本站发售的单程票，则请乘客另行购票进站。

（2）询问乘客当日是否回发售站乘车，若不回，则回收乘客的单程票；若乘客表示当日回发售站乘车或退票，则不回收乘客单程票。

2. 乘客持储值卡无法正常进站

乘客持储值卡无法正常进站，应首先确认乘客所持车票非2人及以上同时使用。

1）半自动售票机分析显示"已入站"

（1）有当日本站进站码。

若半自动售票机分析本站进站时间在20 min 以内，则免费更新；若半自动售票机分析本站进站时间在20 min 以上，则按相应票种的最低价收取费用后更新。

（2）有非当日进站码，则操作半自动售票机按相应票种的最低票价收取更新费用。

3. 发售福利票

部分城市轨道交通运营企业有福利票这一类型车票，符合条件的乘客可持相关证件到客服中心，由站务员通过半自动售票机发售。

4. 退款（退票）

城市轨道交通运营企业供乘客使用的车票是有价证券，乘客购买后若因自身或轨道交通运营方原因需要退票，则应符合运营企业退票的相关条件。不同的城市轨道交通运营企业对于能否退票以及退票时的限制条件各不相同，根据退票的责任大致可分为城市轨道交通运营企业责任退票和乘客责任退票两种，其退款处理方式可分为即时退款和非即时退款。

1）运营企业责任退票

当城市轨道交通运营过程中发生不可预料的事情，比如设备故障、列车晚点、越站停车、火灾等行车安全事故造成乘客不能按时乘车，乘客提出退票要求时，均属于运营企业责任退票。通常情形下，在任何车站，持单程票的乘客可在当日，也可在规定的日期内办理退票，持储值票的乘客免费更新。

2）乘客责任退票

乘客责任退票是指由于乘客自身原因造成购票后不能继续使用车票，而产生退票的情形。

（1）普通单程票退票

乘客购买单程票后，能否退票，不同的城市轨道交通运营企业有不同的规定。概括说来，主要有两类：一类是单程票一经售出，除非运营方原因，否则一律不退，如北京地铁、成都地铁等；另一类是单程票已售出，符合一定条件即可办理退票，如上海地铁、深圳地铁、南昌地铁、长沙地铁等规定，单程票没有进闸记录且票内信息可以读取，则当日内可在购票车站办理退票。

（2）其他单程票退票。

其他单程票，如预赋值单程票、纪念票、出站票、一日票和三日票等，均不能退票。

（3）储值票退票。

储值票退票是指储值票在使用过程中，还存有余额，但乘客不愿意继续使用要求退票。从实际情况看，储值票多为当地一卡通，大多数城市轨道交通运营企业车站不处理退票业务，乘客只能去当地一卡通营业网点办理。

普通单程票退款具体操作如下：

单击【车票分析】一级按钮，将单程票放在读写器上，分析显示单程票的基本信息，【退款】按钮可选，如图4-30所示。

单击【退款】二级按钮，弹出"确认是否对该票卡进行退票退款操作"信息，单击【确定】按钮，弹出"退票成功，余额*元，退卡金额*元"信息，如图4-31所示。

二、付费区乘客票务事务处理

付费区乘客票务事务主要有：持单程票无法正常出闸、持储值卡无法正常出闸、无票（车票遗失、持过期票、人为损坏）、投票/刷卡后闸机未开、闸机打开未出站等情况。

1. 持单程票无法正常出站

1）超程

付费区乘客所持单程票超程时，站务员在对车票分析收取乘客所欠车费后，在半自动售票机上对该车票进行更新操作，乘客可凭更新后的车票正常投票出站。

2）超时

各城市轨道交通运营企业均规定乘客乘坐轨道交通一次行程在付费区内最多可停留一定的时间，若停留超过规定的时间，则按规定补交超时车费才能正常出站（具体时间及补交超时费由当地城市轨道交通运营企业规定，一般按线网最高票价补收）。

付费区乘客所持单程票超时后，站务员在对车票分析收取乘客所欠车费后，在半自动售票机上对该车票进行更新操作，乘客可凭更新后的车票正常投票出站。

在车票既超程又超时的情形下，大多数城市轨道交通运营企业采取超时处理的办法。

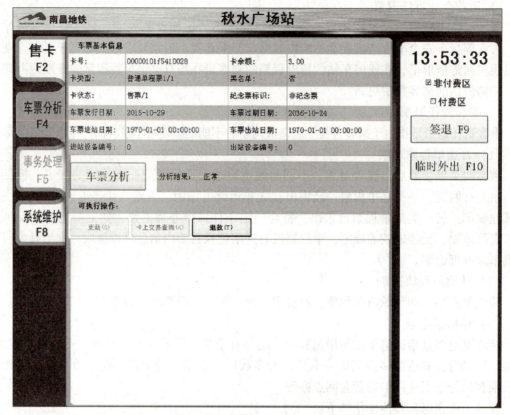

图 4-30　车票退款界面

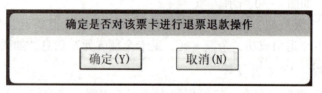

图 4-31　确认退票退款界面

3）无进站码

（1）普通单程票无进站码。

正常情况下，付费区乘客所持单程票验票时应有进站码信息，如果没有进站码信息，则说明乘客在进站时未有效刷卡。如果票卡分析为当日发售的单程票，则站务员按发售站点录入进站站点信息，对票卡进行免费更新；如果分析发现车票为非当日发售单程票，则回收车票，发售本站最高票价单程票付费出站。

（2）预赋值单程票、纪念票无进站码。

询问乘客进站车站，站务员在半自动售票机上操作，按乘客所述进站车站录入进站站点信息，更新车票。

4）单程票无效

半自动售票机分析不到任何车票信息或分析显示错误代码，通过半自动售票机无法进行更新处理，则回收乘客单程票（纪念单程票除外），询问乘客进站车站，发售免费出站票给乘客出站，同时将该单程票加封，按规定时间上交。

2. 乘客持储值卡无法正常出站

1）余额不足

半自动售票机分析储值票结果为"余额不足"时，处理方法与当地运营企业票务管理规定有关，大多采取充值后补交的形式。如不充值，则发售付费单程票出站。

2）超时

付费区乘客所持储值票超时后，若车票显示进站日期为当天进站，则站务员向乘客收取超时补款后在半自动售票机上对车票进行更新操作，乘客持票正常刷卡出站。若车票进站日期显示不是当天进站，则扣除上次乘车费用（一般是最小车程费），输入进站代码更新车票，乘客持票正常刷卡出站。

3）无进站码

当半自动售票机分析为"无进站码"时，询问乘客当日进站车站，赋予进站码，更新车票。

4）储值卡无效

当半自动售票机无法分析到任何车票信息或显示错误代码时，站务员需告知乘客到储值票发行公司进行处理，询问乘客进站信息，并发售付费单程票给乘客出站。

3. 乘客无票、车票遗失、持过期票、人为损坏车票

付费区乘客出现无票、车票遗失、持过期票、人为损坏车票等情形时，均按无票处理，一般收取线网最高单程票价。站务员操作半自动售票机，发售付费出站票给乘客出站。

三、半自动售票机故障情形下票务事务处理

1. 半自动售票机充值交易无效

站务员在半自动售票机上分析该车票和查询车票的最近历史交易记录，若分析车票的余值较充值前增加了相应的金额，且查询的历史交易记录中有本次充值记录，则车票可给乘客正常使用；若分析车票的余值与充值前一致，且查询的历史交易记录中没有本次充值记录，则可以确定车票本次充值没有成功，站务员可对车票进行重新充值操作。

AFC 终端设备故障情形下乘客票务事务处理

若在充值过程中设备显示"交易成功""交易无效"以外其他异常提示（显示超程、超时、进出站码错误等除外），则需将车票办理"无效车票处理申请表"上交票务部门并将充值款退还乘客，具体情况在"无效车票处理申请表"注明。车票在充值过程中，若操作正常，设备已提示交易成功，则站务员可将车票给乘客正常使用。

客运值班员需将以上车票的 ID、充值时间、充值金额及是否收取乘客现金的内容在"客运值班员交接班簿"上记录，并在车站票务管理系统"站务员下班上交票款"中录入。

2. 部分半自动售票机故障

当车站部分半自动售票机故障时，站务员应通知客运值班员进行简单故障处理，同时在客服中心售票窗口摆放"设备故障、暂停服务"提示牌，车站工作人员引导乘客到自动售票机处购票充值及到其他能正常办理业务的客服中心进行相关票务事务处理。当客运值班员无法处理时，应及时向有关部门报修，并做好报修记录。

3. 全部半自动售票机故障

当车站全部半自动售票机故障时，站务员应及时在客服中心售票窗口摆放"设备故障、暂停服务"提示牌，通知值班站长。值班站长开启车站所有自动售票机，引导乘客到自动

售票机办理购票、充值业务，立即报修并做好报修记录。对不能正常进出闸机的乘客，当乘客在非付费区时，引导其从边门进站，并告知将在出站时由出站的车站进行车票处理。当乘客在付费区时，由工作人员回收其单程票并引导其从边门出站，对持储值票的乘客，告知其下次乘车时到客服中心进行扣费和更新处理。

半自动售票机部分或全部故障票务处理流程如图 4-32 所示。

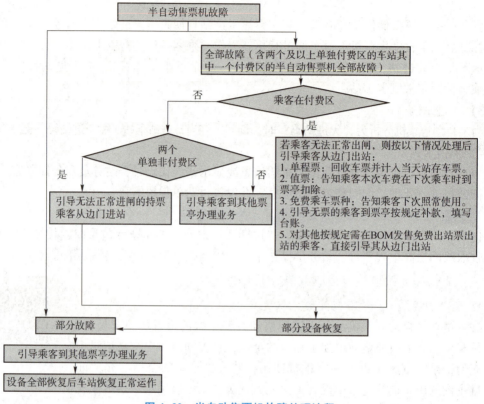

图 4-32　半自动售票机故障处理流程

【任务实施】

利用半自动售票机完成下列情境下的乘客票务事务处理：

(1) 发售一张金额为 4 元的单程票。

(2) 发售一张到××站的单程票。

(3) 为乘客的储值票充值 100 元，将余额告知乘客。

(4) 发售一张金额为 4 元的单程票。

(5) 非付费区乘客持单程票无法正常进站，分析车票并进行处理。

(6) 非付费区乘客持储值票无法正常进站，分析车票并进行处理。

(7) 付费区乘客持单程票无法正常出站，分析车票并进行处理。

(8) 付费区乘客持储值票无法正常出站，分析车票并进行处理。

(9) 为乘客执行退款操作。

(10) 发售一张金额为 2 元的出站票。

(11) 发售一张到××站的行李票。

(12) 自动售票机卡币 10 元，半自动售票机上操作并退钱给乘客。

(13) 乘客恶意逃票，半自动售票机操作并收取罚金。

(14) 乘客违规使用学生票，半自动售票机操作并收取罚金。

(15) 乘客超程、超时无法正常出站，半自动售票机操作处理。

【任务评价】

评价方法：以小组为单位进行评价，评价主体为教师和学生，教师评价占 60%，小组自评占 20%，组间互评占 20%，见表 4-4。

表 4-4 任务评价

序号	评价标准	分数	评分记录		
			小组自评	组间互评	教师评价
1	小组成员的参与情况	15			
2	各任务的完成情况	75			
3	任务提交的及时性	10			

【巩固与练习】

一、选择题

1. 下列有关 BOM 充值交易无效，说法不正确的是（　　）。

A. 需分析车票后进行处理

B. 分析后车票的余值增加说明充值成功

C. 分析后车票的余值不变说明充值不成功

D. 出现其他异常情形需填无效车票处理申请表

2. 车站部分 BOM 故障，下列说法正确的是（　　）。

A. 关站　　　　　　　　　　　　B. 无法进行车票更新

C. 根据客流情况酌情处理　　　　D. 不用及时报修

3. 车站全部 BOM 故障，下列说法正确的是（　　）。

A. 摆放"设备故障、暂停服务"提示牌　　B. 关站

C. 开放边门　　　　　　　　　　D. 根据客流情况酌情处理

4. 付费区乘客持一卡通无法正常出站，BOM 分析显示"超时"，下列说法正确的是（　　）。

A. 票务员向乘客收取超时补款

B. 票务员为乘客发售付费出站票，对一卡通不做处理

C. 对一卡通不做处理

D. 乘客再买一张车票出站

5. 某站付费区一乘客持一卡通无法正常出站，BOM 分析显示"超时"，票卡余额显示 20 元，进站站点至出站站点应收 3 元，线网最高票价为 8 元，最低票价为 2 元，则应收（   ）。

  A. 2 元   B. 3 元   C. 8 元   D. 5 元

二、判断题

1. 非付费区乘客票务事务分为票卡类乘客票务事务和设备类乘客票务事务。（   ）
2. 一般来说，刷卡后未及时进站，20 min 以内免费更新。（   ）
3. 不管谁的责任，所有城市轨道交通运营企业均允许退票。（   ）
4. 一般来说，非城市轨道交通运营企业责任，都可以退票。（   ）
5. 单程票一经售出，除非城市轨道交通运营方原因，否则一律不退。（   ）

三、简答题

写出全部半自动售票机故障情形下票务事务处理流程。

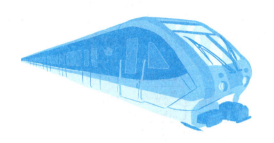

项目 5

自动检票机结构认知与票务事务处理

项目导读

自动检票机，又称闸机（Automatic Gate Machine，AGM），是实现乘客自助进出站检票交易（在非付费区和付费区间通行）的设备，是城市轨道交通车站终端设备的重要组成部分。对有效车票，自动检票机通道阻挡解除（门扇开启或释放转杆），允许乘客进出站；对无效车票，自动检票机通道阻挡不解除（门扇关闭或不释放转杆）。

项目结构图

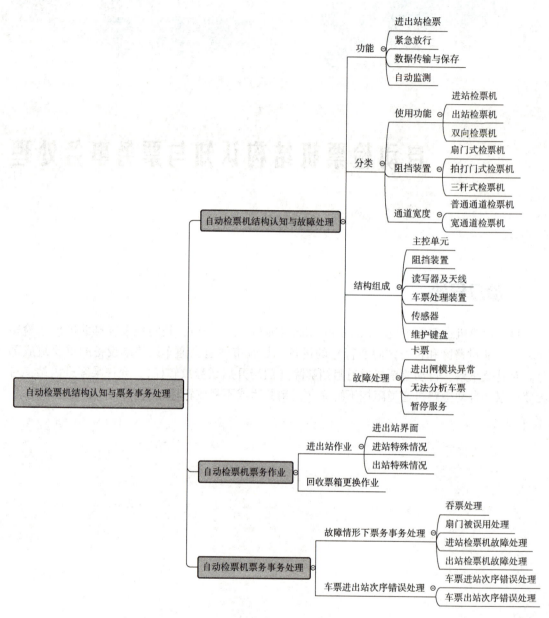

任务 1　自动检票机结构认知与故障处理

【任务目标】

1. 知识目标

（1）掌握自动检票机的结构组成。

（2）熟悉自动检票机的主要功能。

2. 能力目标

（1）能准确说出自动检票机的主要结构及功能。

（2）能按规定处理自动检票机的常见故障。

3. 思政与素养目标

（1）培养学生解决复杂问题和临场应变的能力。

（2）培育学生积极探索、攻坚克难、全心为乘客服务的职业品质。

【任务描述】

根据所给图像，写出自动检票机各结构的名称。

【任务知识库】

知识库1　自动检票机功能与分类

一、自动检票机功能与性能指标

1. 自动检票机功能

自动检票机的基本功能是对乘客所持的车票进行检验，并完成进站或出站的交易处理，如图5-1所示。进入付费区时检查车票的合法性并记录进入时的地点及时间，离开付费区时检查车票的合法性、进站信息的合法性及在付费区的停留时间，并根据进入位置和离开位置计算本次行程的费用，自动完成扣款操作。具体功能如下：

图5-1　城市轨道交通车站自动检票机

视频　AGM功能及结构认知

1）进站检票

当乘客刷卡进站时，自动检票机对车票有效性进行检验。车票有效时，通道阻挡装置开启，乘客显示器显示相关信息，自动检票机在票卡内写入进站交易记录，且将交易记录保存于检票机存储设备中。对无效车票拒绝放行，并提示相关信息。

2）出站检票

当乘客进站时，自动检票机对车票有效性进行检验。车票有效时，通道阻挡装置开启，乘客显示器显示相关信息，自动检票机在票卡内写入出站交易记录，且将交易记录保存于检票机存储设备中。对无效车票拒绝放行,并提示相关信息。

3)紧急放行

当车站发生紧急情况时,控制中心、车控室值班人员可通过操作计算机系统或按下紧急释放按钮,打开所有自动检票机的阻挡装置,紧急疏散乘客,保证乘客毫无阻碍地离开付费区。

4)数据传输

通过网络连接到车站计算机系统,上传车票处理交易、设备运行状态日志等数据;接受车站计算机系统下发的参数和控制命令,并执行相应的操作。

5)监测功能

自动检票机能对各部件的工作状态进行自动监测,并向车站计算机系统上报工作状态。

6)单机工作和数据保存功能

当自动检票机与车站计算机系统通信中断时,能保存一定数量及时间的设备数据。当通信恢复时,自动检票机能将保存的交易数据及时上传给车站计算机。当突然断电时,自动检票机能安全保存最后一笔记录及相关信息。

2. 自动检票机性能指标

以某地铁车站使用的扇门式自动检票机为例,其性能指标见表5-1。

表5-1 自动检票机性能指标

项目	性能参数
车票处理速度/(秒·张$^{-1}$)	≤0.3(包括检查、编码、校验等)
车票回收处理速度/(秒·张$^{-1}$)	≤0.5(包括检查、编码、校验、无效退出等)
车票正常回收速度/(秒·张$^{-1}$)	≤1.5(包括检查、编码、校验、回收等)
闸门打开速度/(秒·张$^{-1}$)	≤0.5(检查车票为有效后)
闸门关闭速度/(秒·张$^{-1}$)	≤0.4
乘客通过能力/(人·分钟$^{-1}$)	≥40(无回收),≥35(有回收)
MCBF/次	≥100 000
闸门MCBF/次	≥1 000 000
闸门控制板MTBF/h	≥170 000
MTTR/min	≤30
单个扇门展开宽度/mm	230±3
回收储票箱容量/(张·票箱$^{-1}$)	1 000
用电功率/W	≤500

二、自动检票机分类

1. 根据使用功能分类

自动检票机根据使用功能的不同,可以划分为进站检票机、出站检票机和双向检票机三种。进站检票机(见图5-2)仅用于完成进站检票,检票端在非付费区;出站检票机(见图5-3)用于完成出站检票,检票端在付费区;双向检票机既可以完成进站检票也可完成出站检票,在付费区和非付费区可分别按照进站和出站的处理规则完成检票操作。

图 5-2　进站检票机

图 5-3　出站检票机

2. 根据阻挡装置分类

自动检票机根据阻挡装置的不同，可划分为扇门式检票机（见图 5-4）、三杆式检票机（见图 5-5）和拍打门式检票机（见图 5-6）三种。

图 5-4　扇门式检票机

图 5-5　三杆式检票机

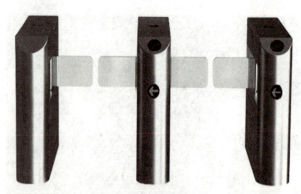

图 5-6 拍打门式检票机

3. 根据通道宽度分类

自动检票机根据通道宽度的不同，可划分为普通通道检票机和宽通道检票机两种。普通通道宽度一般为 550 mm，宽通道宽度一般为 900 mm，宽通道检票机适合携带大件行李的乘客及特殊人群使用，如图 5-7 所示。

知识库 2　自动检票机结构组成与故障处理

一、自动检票机结构组成

自动检票机以主控单元为核心，辅以阻挡装置、读写器及天线、车票处理装置、传感器、维护键盘、通道方向指示器、通行状态显示器及电源等构成。

1. 主控单元

主控单元是自动检票机的核心部分，其功能与售票类设备基本相同，负责运行控制软件，完成车票处理、数据处理、显示控制、数据通信及状态监控等功能。

2. 阻挡装置

阻挡装置（以扇门式检票机为例）是一种得到广泛应用的检票机阻挡装置。扇形门装置由扇形门、机械控制机构和控制板组成。扇形门由软性塑胶和内置钢板组成，呈三角形，既能最大限度地减少强行通过带来的人体伤害，又能有效地快速关闭和阻挡强行推动扇门，受到冲击时能自动恢复到原来状态，如图 5-8 所示。

图 5-7 普通通道与宽通道检票机

图 5-8 扇形门阻挡装置

3. 读写器及天线

1）读写器

进站检票机和出站检票机均装有读写器及天线，读写器安装位置符合乘客右手持票习惯，有醒目的标识指示乘客刷卡位置，分为储值票读写器和单程票读写器两种。进站检票机的读写器用于进闸时读写单程票信息（如读取购票地点、购票日期、金额等信息，写入进站站点、进站时间等信息）和储值票信息（如读取卡号、卡余额、有效期等信息，写入进站站点、进站时间等信息），出站检票机的读写器用于出闸时读写单程票信息（读写相关信息，完成单程票回收）和储值票信息（读写相关信息，完成当次行程扣费），双向检票机具有进站和出站的所有读写器。

2）读写器天线

读写器天线负责储值票与单程票中的数据传输和能量传输，并将车票中的数据通过读写器上传到工控机，即为读卡过程；由工控机对车票中数据进行判断，再将判断结果下发给读写器，由读写器通过天线对车票中数据信息进行修改，即为写卡过程。读写器根据不同场合配置不同规格的天线，分为单天线读写器和双天线读写器两种。

（1）单天线读写器。

单天线读写器适用于进站检票机和双向检票机进站端，如图5-9所示。

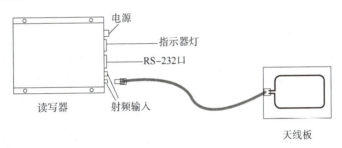

图5-9 单天线读写器

（2）双天线读写器。

双天线读写器适用于出站检票机和双向检票机出站端，如图5-10所示。

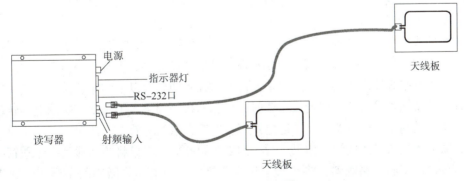

图5-10 双天线读写器

3）读写器有效读写范围

以天线的中心点为原点，天线上方和下方的有效读写范围一致，大致在100 mm以内，如图 5-11 所示。

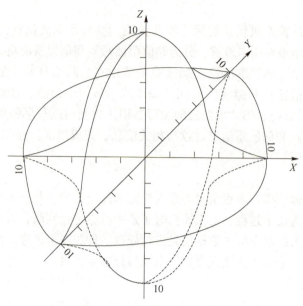

图 5-11 读写器有效读写范围

4）读写器冲突处理与掉电保护

同一时刻内，在读写器感应区同时出现 2 张或以上的单程票时，读写器对单程票均不做处理。当外部电源失电时，不破坏或改变读写器的内存数据；复电时，能恢复到断电前的状态及数据。

4. 车票处理装置

车票处理装置是自动检票机的另一个关键部件，车票处理装置负责完成车票的读写、传送及回收处理。车票处理装置主要包括两大部分：车票读写设备和车票传送装置。

进站检票机：只需要车票读写设备就可以完成进站处理而不需要配置传送装置。

出站检票机：因单程票需要回收，故必须配备读写设备和传送装置，由传送装置到达天线感应区并在此完成车票读写；储值票只需使用读写器即可以完成出站处理。

1）单程票回收模块

单程票回收模块（见图 5-12）安装于出站检票机和双向检票机的出站端，以回收参数设定需要回收的单程票。自动检票机回收模块的进票口设置在进入端显著位置，同时以醒目的彩色标志引导乘客插入车票。进票口不允许同时插入两张及以上的车票。

乘客将车票插入投入口，即插入车票时，传感器检测到插入了车票，驱动电机转动带动皮带将车票运送到车票读写器单元，通过读写器判断车票的有效性，此时为了防止投入第二张车票，需关闭投入口的遮门。如果读写区判断车票有效，车票将被运送到指定票箱的分岔皮带部，分岔皮带向票箱倾斜，将车票运送到票箱内；如果读写器判断车票无效或为异常票，则将车票投到退票口。

2）单程票回收箱

单程票回收箱安装于出站检票机，一般有 2 个回收票箱和 1 个废票箱，如图 5-13 所示。在票箱单元的内部安装有升降机，票卡被回收后，升降机会将票箱下降，使票箱经常保持在一定的高度上。因此被回收了的票卡一定是在最上面的，可以稳定地叠放票卡。

图5-12 出站检票机单程票回收模块

图5-13 出站检票机单程票回收箱

票箱的顶部和底部都有传感器，将卡的积存状况传送到车站计算机上。在回收箱将满时，检票机会发出警告信息，以便提示工作人员及时更换票箱。

5. 传感器

自动检票机传感器一般安装在设备侧面，主要有通行传感器和高度传感器，如图5-14所示。

通行传感器能够监控乘客通过自动检票机的整个过程以及监测通过自动检票机的人数，一般采用透过型和漫反射型传感器。每个传感器并不是单独使用，通常由通行控制单元对一组或所有传感器的检测反馈信息进行分析处理，以保证通行控制的准确性和安全性。自动检票机通行传感器分布如图5-15所示。

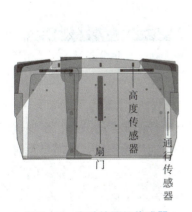

图5-14 自动检票机传感器

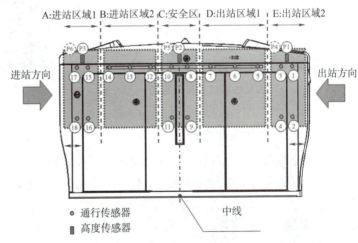

图5-15 自动检票机通行传感器分布

1）通行传感器

自动检票机通行传感器主要功能如下：

（1）A区（进站区域1）：采用透过型传感器，主要监测是否有乘客进入通道。

（2）B区（进站区域2）：采用透过型传感器和反射型传感器的组合，判断无票乘客的通行行为。

（3）C区（安全区）：采用透过型传感器，安装于不同的高度，监测通行情况，反馈信号控制闸门，保护已进入通道的乘客，防止闸门夹住乘客。

（4）D区（出站区域1）：采用透过型传感器，检测乘客是否已经通过闸门，如果发现乘客已经通过闸门，如有跟随通行行为，反馈信号控制闸门关闭，以防止第二个乘客通过。

（5）E区（出站区域2）：采用透过型和反射型传感器的组合，检测与自动检票机设定方向相反进入通道的乘客，如有逆行通行行为，检票机将关闭闸门并报警。

2）高度传感器

自动检票机上装有检测身高的反射型传感器，用于检测通过的乘客是否是身高为1.2~1.4 m（高度可调）以下的儿童。传感器开启后，会向上方斜射红外线，可以检测到1.2~1.4 m以上位置的物体，如图5-16所示。当反射型传感器未检测到任何物体时，即使其他传感器检测到有物体通过，也不认为是通过的乘客。

6. 维护键盘

维护键盘为标准数字小键盘，一般带USB接口和若干个按键（见图5-17），负责对检票机内部各个部件工作状态进行检测，便于设备维护、故障诊断及模式设置等操作，更换票箱时需要工作人员登录后进行操作。

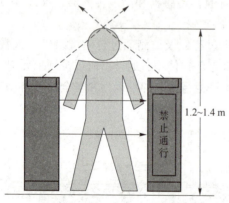

图5-16　自动检票机高度传感器

图5-17　维护键盘

二、自动检票机故障处理

自动检票机在运行过程中可能会出现不接收单程票、不能分析任何车票等故障，出现这种情况就需要车站工作人员掌握自动检票机常见故障的处理，如不能当场解决，则需要及时报修。

1. 卡票

1）原因分析

车票存在变形、过厚等问题，导致不能顺利导入票箱，卡在某个位置。

2）处理方法

打开维护门，拉出单程票回收模块，确认车票位置，将卡住的单程票取出，并用维修面板重置出闸模块，若无效，则需重启自动检票机。

2. 进出闸模块异常

1）原因分析

（1）可以验票，但显示异常，不能显示票价、余额等信息，扇门正常开启和关闭。

（2）不能验票，扇门不能正常开启和关闭。

2）处理方法

重新启动闸机，若仍不正常，则需要联系维修专业人员处理。

3. 死机，不能分析任何车票

处理方法：

（1）重置进出闸模块，若无效，则重启自动检票机。

（2）若仍不正常，则及时与维修人员联系。

4. 乘客显示器显示"暂停服务"

处理方法：

（1）用维修面板检查当前服务模式，若为停止状态，则将其设置为开始。

（2）若仍不正常，则及时与维修人员联系。

【任务实施】

根据如图 5-18 所示图片，写出自动检票机结构名称，并说出其主要功能。

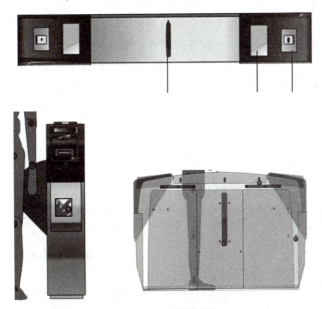

图 5-18　自动检票机

【任务评价】

评价方法：以小组为单位进行评价，评价主体为教师和学生，教师评价占 60%，小组自评占 20%，组间互评占 20%，见表 5-1。

表 5-1 任务评价

序号	评价标准	分数	评分记录		
			小组自评	组间互评	教师评价
1	小组成员的参与情况	10			
2	各结构填写的准确性	30			
3	各结构功能描述的准确性	50			
4	任务提交的及时性	10			

【巩固与练习】

一、选择题

1. 自动检票机的车票处理装置一般需要配置（　　）。
   A. 1个票箱
   B. 2个票箱
   C. 1个票箱和1个废票箱
   D. 2个票箱和1个废票箱

2. 下列说法正确的是（　　）。
   A. 进出站闸机均有单程票回收模块
   B. 进站闸机无车票处理模块
   C. 出站闸机单程票回收模块与售票机发售模块相同
   D. 出站闸机单程票回收模块包含2个回收票箱

3. AGM接收紧急按钮信号并控制设备的操作，紧急按钮一般设在（　　）。
   A. 客服中心　　　B. 检票机底部　　　C. 车控室　　　D. 端门

4. 进站检票机读写器一般设计为圆形，下列说法不正确的是（　　）。
   A. 扩大读写范围　　B. 方便读写数据　　C. 方便乘客操作　　D. 圆形更美观

5. 下列说法正确的是（　　）。
   A. 回收后的单程票需经过初始化处理后才能拿到售票机发售
   B. 无效单程票也能被回收
   C. 回收后的单程票可直接拿到售票机上再次发售
   D. 超程单程票会回收至废票箱

二、判断题

1. 能够监控乘客通过自动检票机整个过程的部件是通道方向指示器。（　　）
2. 双向检票机可同时进出站刷卡。（　　）
3. 当检票机与车站计算机系统通信中断时，检票机无法正常使用。（　　）
4. 当出站检票机回收票箱已满时，无法对储值票进行处理。（　　）
5. 自动检票机回收后的车票可以直接在车站内循环使用。（　　）
6. 进站检票机仅能完成进站检票，检票端在非付费区。（　　）
7. 储值卡扣费在进站时完成。（　　）
8. 检票机各模块具有自动检测自身故障并报告给设备主控计算机的功能。（　　）

三、简答题

简述检票机的结构组成。

任务 2　自动检票机票务作业

【任务目标】

1. 知识目标
（1）熟悉自动检票机进出站的作业流程。
（2）掌握自动检票机回收票箱的更换技能。

2. 能力目标
能按操作规程完成自动检票机回收票箱的更换作业。

3. 思政与素养目标
（1）培养学生的实践操作能力和规则意识、服务意识。
（2）培育学生严谨细致、精益求精、遵章守纪的职业品质。

【任务描述】

完成自动检票机回收票箱更换作业，写出操作流程。

知识库 1　自动检票机进出站作业

一、自动检票机进出站界面

不同城市轨道交通运营车站的自动检票机进出站界面布局不一，但总体上是相同的，如图 5-19 所示。主要有以下几种：

（1）服务模式区：显示当前自动检票机的服务模式，如正常服务和紧急放行等。
（2）运营企业标志：显示城市轨道交通运营企业的标志、标识。
（3）时间和日期：显示当前的北京时间。
（4）主图形显示区：主要显示通行状态图形指示、票卡状态提示、票卡信息提示、自动检票机状态等。
（5）其他信息区：显示友情提示等。

图 5-19　正常模式出站界面

二、自动检票机进站特殊情况

当乘客进站时，可能遇见以下特殊情况导致不能正常进站。

1. 重复刷卡

间隔 5 s 内连续刷卡 2 次，自动检票机扇门不开，没有语音提示，顶灯不亮，蜂鸣器不响。此时应去客服中心进行票卡更新。

2. 连续刷卡

短时间内刷卡次数过多，达到通行暂存上限之后，自动检票机停止接受刷卡，进站端显示"已达最大刷卡次数，请通行"，出站端显示"请稍后"。此时应等待前面的乘客进站后再次刷卡。

通行暂存：自动检票机在接受成功刷卡后将发出通行信号，此通行信号将在乘客通过通道或者一段时间后失效，下位机最多可以同时存在 8 个通行信号。

3. 进站闯关

当乘客进站刷卡前，如站立于自动检票机的通道内侧，则会发生进站闯关。此时自动检票机扇门关闭，顶灯红色闪烁，且有语音提示"请退出通道"，两端界面显示"非法入侵"，此时应退出通道后再进行刷卡。

4. 出站闯关

当乘客在双向自动检票机进站端正常刷卡进站时，出站端有乘客进入通道内，此时自动检票机扇门关闭，顶灯红色闪烁，且有语音提示"请退出通道"，两端界面显示"非法入侵"。此时等待闯关乘客退出通道后，扇门即会打开。

5. 黑名单票卡

当乘客所持的票卡为黑名单票卡时，自动检票机扇门不打开，顶灯红色闪烁，语音提示"请去客服中心处理"，进站端界面提示"车票无效"。此时应去客服中心解锁或者进行其他操作。

6. 异常票卡

当乘客所持的票为异常票卡时，自动检票机扇门不打开，顶灯红色闪烁，语音提示"请去客服中心处理"，进站端界面提示"请去客服中心处理"，右下角有相应的错误码提示。此时应去客服中心进行票卡分析。

三、自动检票机出站特殊情况

当乘客出站时，可能遇见以下特殊情况导致不能正常出站。

1. 重复刷卡

当乘客持储值票和非单次单程票，间隔 5 s 内连续刷卡 2 次时，自动检票机扇门不开，没有语音提示，顶灯不亮，蜂鸣器不响。此时应去客服中心进行票卡更新。

2. 连续刷卡

短时间内刷卡次数过多，达到通行暂存上限之后，自动检票机停止接受刷卡，出站端显示"已达最大刷卡次数，请通行"，进站端显示"请稍后"。此时应等待前面的乘客进站后再次刷卡。

通行暂存：自动检票机在接受成功刷卡后将发出通行信号，此通行信号将在乘客通过通道或者一段时间后失效，下位机最多可以同时存在 8 个通行信号。

3. 进站闯关

当乘客在双向自动检票机出站端，正常刷卡出站时，进站端有乘客进入通道内，此时自动检票机扇门关闭，顶灯红色闪烁，且有语音提示"请退出通道"，两端界面显示"非法入侵"。此时等待闯关乘客退出通道后，扇门即会打开。

4. 出站闯关

当乘客出站刷卡前，如站立于自动检票机的通道内侧，则会发生出站闯关。此时自动检票机扇门关闭，顶灯红色闪烁，且有语音提示"请退出通道"，两端界面显示"非法入侵"，此时应退出通道后再刷卡。

5. 黑名单票卡

当乘客所持的票卡为黑名单票卡时，自动检票机扇门不打开，顶灯红色闪烁，语音提示"请去客服中心处理"，出站端界面提示"车票无效"。此时应去客服中心解锁或者进行其他操作。

6. 票卡异常

当乘客所持的票卡为异常票卡时，自动检票机扇门不打开，顶灯红色闪烁，语音提示"请去客服中心处理"，出站端界面提示"请去客服中心处理"，右下角有相应的错误码提示。此时应去客服中心进行票卡分析。

7. 投票口不吃票

当回收模块故障时，则会出现投票口不再吃票的现象，此时车站工作人员应按规定流程进行处理。

🌸 知识库2　自动检票机回收票箱更换作业

运营过程中，出站自动检票机会不断地接收乘客投入的回收车票，而回收票箱的容量是有限的。若回收票箱将满或已满，则不再接收车票，从而影响乘客出站。因此，车站需要及时更换回收票箱。运营结束后，要对当日的车票进行清点结账，也需要进行回收票箱的更换作业。

AGM 日常操作

一、自动检票机回收票箱更换

（1）使用钥匙打开维护门。

（2）拿出维护键盘进入维护登录界面，输入用户名和密码登录。

（3）在维护界面中单击维护键盘的数字键4，选中【设备操作】选项，再单击【ENTER】键进入设备操作界面，如图5-20所示。

图5-20　维护界面

（4）在设备操作界面下单击数字键 1，选中【票箱更换】，再单击【ENTER】键进入票箱更换界面，如图 5-21 所示。

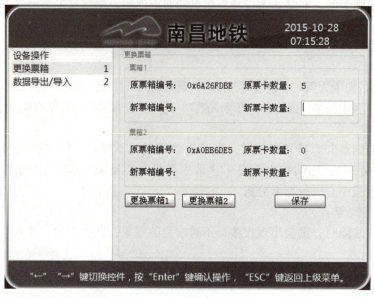

图 5-21　更换票箱界面

图 5-22　回收票箱更换

（5）将回收票箱的顶盖向上拉起并平推合上，然后用钥匙锁上顶盖，转回收票箱底部的绿色旋钮，执行下步操作。

（6）握住回收票箱上的把柄，平稳地将票箱水平位置向外取下。

（7）将空的回收票箱底部升降孔对准自动检票机的升降棒，然后水平推进，在更换票箱界面输入票箱内的票数，按【ENTER】键确认输入。

（8）转回收票箱底部的绿色旋钮，执行下步操作。

（9）用钥匙打开回收票箱顶盖锁，将顶盖拉出，如图 5-22 所示。

【任务实施】

利用校内实训设备，分组进行实践教学，完成自动检票机回收票箱更换作业，写出操作流程。

【任务评价】

评价方法：以小组为单位进行评价，评价主体为教师和学生，教师评价占 60%，小组自评占 20%，组间互评占 20%，见表 5-2。

表 5-2　任务评价

序号	评价标准	分数	评分记录		
			小组自评	组间互评	教师评价
1	小组成员的参与情况	20			
2	操作流程的规范性	30			
3	任务完成情况	40			
4	任务提交的及时性	10			

【巩固与练习】

一、选择题

1. 下列不属于检票机服务模式的是（　　）。
  A. 正常运行模式　　B. 紧急放行模式　　C. 降级运行模式　　D. 暂停服务
2. 下列不属于特殊情况不能正常进站检票的是（　　）。
  A. 重复刷卡　　B. 连续刷卡　　C. 黑名单票卡　　D. 投票口不吃票
3. 下列属于特殊情况不能正常出站检票的是（　　）。
  A. 未重复刷卡　　B. 未连续刷卡　　C. 票卡异常　　D. 回收票箱已满
4. 下列不属于自动检票机进站界面显示内容的是（　　）。
  A. 正常服务模式　　　　　　　　　　B. 单程票金额
  C. 储值票扣费金额　　　　　　　　　D. 通行状态图形指示
5. 正常情形下，下列不属于自动检票机出站界面显示内容的是（　　）。
  A. 紧急放行模式　　　　　　　　　　B. 出站通行标志
  C. 储值票扣费金额和余额　　　　　　D. 通行状态图形指示

二、判断题

1. 当回收模块发生故障时，则会出现投票口不再吃票的现象。　　　　　　（　　）
2. 回收票箱更换作业是车站日常作业内容之一。　　　　　　　　　　　　（　　）
3. 主图形显示区主要显示通行状态图形指示和票卡状态提示和票卡信息提示等。
   　　　　　　　　　　　　　　　　　　　　　　　　　　　　　　　　（　　）
4. 票卡为黑名单，自动检票机扇门不打开，无法更新处理。　　　　　　　（　　）
5. 进出站检票时，可以间隔 5 s 内连续刷卡多次。　　　　　　　　　　　（　　）

任务 3　自动检票机票务事务处理

【任务目标】

1. 知识目标

（1）掌握自动检票机故障情形下的票务事务处理流程。
（2）熟悉车票进出站次序错误情形下的票务事务处理。

2. 能力目标

（1）能按要求完成自动检票机故障情形下的票务事务处理。

（2）能按规定处理乘客车票进出站次序错误。

3. 思政与素养目标

（1）培养学生知识应用能力和临场应变能力。

（2）培育学生爱岗敬业、全心全意为乘客服务的职业品质。

【任务描述】

利用校内实训设备，完成检票机故障分析与解决的表格。

【任务知识库】

知识库 1　自动检票机故障情形下票务事务处理

一、出站检票机吞票处理

由车站工作人员询问乘客出闸情况，确认乘客出站检票机确实处于暂停服务状态或出站检票机显示正常但投票口确有卡票现象，则按规定填写"乘客事务处理单"，给乘客发售一张免费出站票，同时报维修人员进行处理。若检票机显示正常且能接受车票，则向乘客解释说明，并给乘客发售付费出站票，如图 5-23 所示。

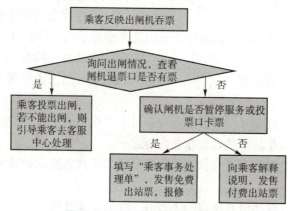

图 5-23　出站闸机吞票处理流程

二、检票机扇门被误用处理

检票机扇门被误用是指乘客 A 刷卡后未及时进站/出站，乘客 B 抢先进站/出站，导致乘客 A 无法再进站/出站的情形。

1. 进站扇门被误用处理

对乘客 A 的处理：反映闸机扇门被误用时，工作人员核查该乘客行程记录，若确有当前时间发生的车站进站记录，则工作人员开启进站检票机扇门，让乘客进站。

对乘客 B 的处理：按车票出站次序错误进行处理。

2. 出站扇门被误用处理

对乘客 A 的处理：反映闸机扇门被误用时，工作人员通过车站计算机查询相应闸机的出站记录，若确有当前时间发生的出站记录，则工作人员发售免费出站票给乘客出站。

对乘客 B 的处理：按车票进站次序错误进行处理。

三、进站检票机故障票务事务处理

1. 部分进站检票机故障

当车站部分进站检票机故障时，值班站长可视客流情况，通过采取减缓或减少售票窗口、加强宣传引导等措施予以缓解。如有需要，则可适当关闭站内自动售票机及售票窗口，以减少车站进站客流压力。

2. 全部进站自动检票机故障

在这种情形下，乘客无法通过进站检票机正常检票进站。当全部进站检票机发生故障时，值班站长应指挥车站各岗位工作人员按以下程序处理：

1）检票机故障所在站票务处理

检票机故障所在站必须及时安排工作人员引导持票乘客通过边门进站，同时报运营控制中心行车调度员，由行车调度员通知其他车站做好乘客车票的更新准备工作。当自动检票机恢复正常或客流缓解时，由值班站长决定恢复正常运作，并上报运营控制中心行车调度员。

2）受影响车站票务处理

受影响车站在接到行车调度员通知后，安排站务员做好乘客车票更新工作，引导乘客更新车票后通过出站检票机正常出站。

进站自动售票机部分或全部故障票务处理流程如图 5-24 所示。

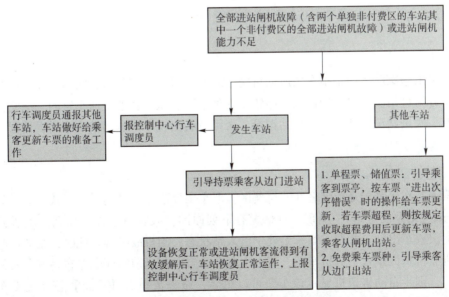

图 5-24 进站自动检票机故障处理流程

四、出站检票机故障票务事务处理

1. 部分出站自动检票机故障

当车站部分出站检票机故障时，值班站长可视客流具体情况打开故障检票机通道，组织车站工作人员回收单程票等，对持储值票的乘客，则引导其正常刷卡出站。

2. 全部出站自动检票机故障

当发生全部出站检票机故障时，值班站长应指挥车站各岗位工作人员按以下程序处理：值班站长及时报运营控制中心行车调度员，通知站务员引导乘客从边门出站，对持单程票乘客，直接回收单程票并计入当天站存；对持储值票乘客，应告知其本次车费在下次乘车时扣除。当出站自动检票机恢复正常或客流得到缓解时，由值班站长决定恢复正常运作，并上报运营控制中心行车调度员。

出站自动售票机部分或全部故障票务处理流程如图 5-25 所示。

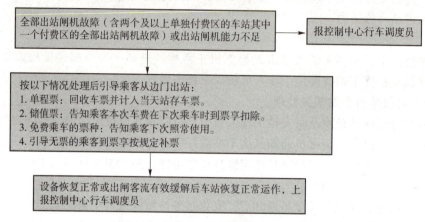

图 5-25　出站自动检票机故障处理流程

知识库 2　车票进出站次序错误处理

一、车票进出站次序错误概念

车票进出站次序错误是指车票所处付费区或非付费区模式与乘客实际所在的区域不一致的情况，分为进站次序错误和出站次序错误两种情形。城市轨道交通车票的一次完整使用过程必须有一次进站记录和相应的出站记录，否则就会出现车票进出站次序错误情形。

二、车票进出站次序错误处理

1. 车票进站次序错误及处理

车票进站次序错误是指乘客在非付费区，但车票显示已经过闸机验过票，显示为付费区（即：人未进站票已进站）。出现这种情况有下列原因：乘客持票在进站闸机验票后未及时进站；上次乘车出站未扣费，该车票处于已入站状态；闸机故障等。此时，站务员应在半自动售票机非付费区模式下分析车票，若上次车票验票时与当前时间之差在系统分析的更新时间范围内，则半自动售票机显示该车票可以更新，站务员单击【更新】按钮更新车票，乘客可持该车票正常进站。若上次车票验票时与当前时间之差超出系统允许的更新时间范围，则需要根据城市轨道交通运营企业相关规定进行处理。

2. 车票出站次序错误及处理

车票出站次序错误是指乘客在付费区，但所持车票没有过闸机记录，显示为非付费区（即：人已进站票未进站）。出现这种情况有下列原因：乘客进闸时没有成功验票，与其他乘客并闸进站或没有经进站闸机验票直接从其他地方进入付费区；闸机故障等。此时站务员应在半自动售票机付费区模式下分析车票，如为单程票，则根据半自动售票机分析显示该车票发售车站名，输入进站车站进行更新。如为储值票，则可根据乘客所述进站信息按规定对车票进行付费或免费更新；若乘客所持储值票已在出站闸机刷卡扣费，但未及时出闸，则站务员核实后可向乘客发放免费出站票。

【任务实施】

利用校内实训设备，进入自动检票机维护模块，操作设备进行故障处理，阐述故障类型、分析原因、提出解决方法，完成表5-3所列表格。

表5-3 自动检票机故障类型、原因及解决方法

序号	故障类型	原因分析	解决方法
1			
2			
3			
4			
5			
……			

【任务评价】

评价方法：以小组为单位进行评价，评价主体为教师和学生，教师评价占60%，小组自评占20%，组间互评占20%，见表5-4。

表5-4 任务评价

序号	评价标准	分数	评分记录		
			小组自评	组间互评	教师评价
1	小组成员的参与情况	10			
2	故障类型的完整性	20			
3	原因分析的全面性	30			
4	解决方法的针对性	30			
5	任务提交的及时性	10			

【巩固与练习】

一、选择题

1. 出站检票机吞票处理，需要填写（　　）。

A. 乘客事务处理单　　　　　　　　　　　　B. 废票统计报告

C. 站务员日营收结算单　　　　　　　D. 钱箱清点报告

2. 下列不属于车票进站次序错误原因的是（　　）。

A. 乘客持票在进站闸机验票后未及时进站

B. 上次乘车出站未扣费，该车票处于已入站状态

C. 闸机故障

D. 与其他乘客并闸进站

3. 下列属于车票出站次序错误原因的是（　　）。

A. 乘客持票在进站闸机验票后未及时进站

B. 上次乘车出站未扣费，该车票处于已入站状态

C. 闸机故障

D. 回收票箱已满

4. 关于双向闸机，下列说法错误的是（　　）。

A. 可设置成进站模式　　　　　　　　B. 可设置成出站模式

C. 可设置成双向模式　　　　　　　　D. 可同时进行进站、出站刷卡

5. 付费区发现乘客无票或遗失车票，一般按（　　）补收票款。

A. 线网最低价　　　　　　　　　　　B. 线网最高价

C. 线网平均价　　　　　　　　　　　D. 乘客所述进站站点至出站站点票价

二、判断题

1. 城市轨道交通车票的一次完整使用过程必须有一次进站记录和相应的出站记录。

（　　）

2. 发生车票进站次序错误时，免费更新处理。（　　）

3. 储值票发生出站次序错误时，免费更新处理。（　　）

4. 发生检票机扇门被误用时，乘客均需再付费购票进站。（　　）

5. 发生检票机扇门被误用时，乘客无须再付费购票出站。（　　）

三、简答题

简述你所在或感兴趣城市轨道交通运营企业车票进出站次序错误处理的相关规定。

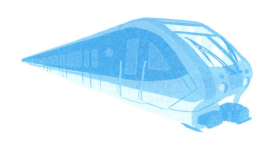

项目 6

城市轨道交通车站票务业务管理

项目导读

对于提供运输服务的城市轨道交通运营企业而言,企业的主营业收入来源于票款。因此,票务业务管理工作是城市轨道交通运营企业管理的重要组成部分,做好票务工作对于企业的平稳发展意义深远。城市轨道交通车站票务业务管理主要包括现金管理、车票管理、票务备品与钥匙管理、票务报表管理等,各项业务管理均有严格的规章制度,要求工作人员认真执行,否则就会出现票务违章或票务事件情形。

项目结构图

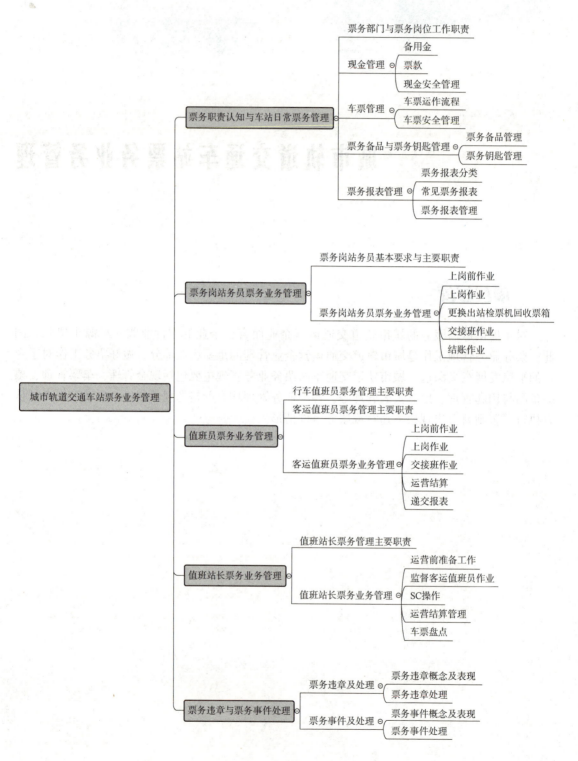

任务 1　票务职责认知与车站日常票务管理

【任务目标】

1. 知识目标

（1）了解票务部门与岗位工作职责。

（2）熟悉车站现金、车票、票务备品、票务钥匙和报表等管理内容。

2. 能力目标

（1）能按岗位职责要求完成车站日常票务作业。

（1）能按要求对车站现金、车票、备品、钥匙及报表进行管理。

3. 思政与素养目标

（1）培养学生团结协作的意识和有效沟通的能力。

（2）培育学生爱岗敬业、严谨认真、团队合作的职业品质。

【任务描述】

（1）调研你所在或感兴趣城市轨道交通运营企业票务部门与岗位组织架构情况，描述其职责。

（2）调研你所在或感兴趣城市轨道交通运营企业车站票务管理规定的情况。

【任务知识库】

知识库 1　票务部门与票务岗位工作职责

票务业务工作是城市轨道交通运营企业重要的工作内容之一，涉及多部门、多岗位。要做好票务业务工作，需要城市轨道交通运营企业票务部门和岗位明确自身工作职责，通力协作。

一、票务部门工作职责

城市轨道交通运营企业票务部门的组织架构与企业集中调度、统一指挥、逐级负责的调度指挥组织架构密切相关。一般而言，城市轨道交通运营企业票务部门实行层级负责制，由上至下顺序依次为：公司票务部门、线路票务中心、站区票务中心与车站票务室，如图6-1所示。

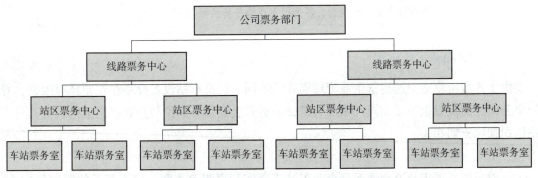

图 6-1　城市轨道交通运营企业票务部门架构

各票务部门在公司统一领导下，依据自身工作职责开展工作，详见表6-1。

表6-1 城市轨道交通运营企业票务部门工作职责

票务部门	工作职责
公司票务部门	牵头组织票务管理规章、各项票务制度的拟定，根据需要组织修改，并监督执行情况
	根据票务管理规章及制度制定内部实施细则及工作流程，监督、检查和指导车站有关票务制度、政策的执行情况
	定期汇总乘客对公司票务政策、规章等执行情况的意见及建议，协助公司调查处理票务违规行为
	收取、核对车站各类报表，汇总并制作营收报表、客流数据及其他报表，负责将每日运营收入、客流统计并汇报给财务部等相关部门
	及时分析各车站票库库存及车票流向情况，制定车票配送和调配计划。对节假日等可预见性大客流的情况，分析需求，提前做好配票工作
	定期提交相关车票的采购计划，负责各种车票的管理，并编制票卡库存情况月报表，报公司相关部门
线路票务中心	在公司票务部门的领导下，参与制定各管辖线路AFC系统票务工作制度和作业流程，并对贯彻执行情况进行监督和指导
	负责管辖线路内票务专业知识的培训，各类车票的申领、管理，以及现金的申领与配发
	负责所辖线路内运营数据、收益数据的统计分析工作，编制相关财务统计报表，及时报送有关票务数据
	负责所辖线路自动售票机等售检票终端设备员工ID的集中管理
站区票务中心	参与公司、线路中心票务管理规章制度及各岗位作业程序的拟定和修订
	负责根据公司及线路中心票务政策，以及各项规章制度制定本站区的实施细则与票务工作计划，并组织实施
	负责本站区票款收缴、结算作业的管理
	负责本站区票卡、现金、发票、打印纸、专用钥匙等的管理
车站票务室	负责公司、线路中心、站区各项票务规章及有关规定在本车站的全面贯彻与落实
	负责单程票、出站票、福利票、定值纪念票等的发售及日常管理工作
	负责管理本车站现金、各类报表及票务备品等

二、票务岗位工作职责

由于各城市轨道交通运营企业管理模式的不同，以及车站设备设施存在差异等因素，导致票务岗位的设置也不尽相同。城市轨道交通运营企业票务岗位与企业组织架构，尤其是车站组织架构密切相关。

1. 车站组织架构

一般来说，城市轨道交通运营企业车站管理实行层级负责制，由上至下的顺序依次为：

区域站长→值班站长→值班员→站务员。区域站长负责某一区域若干自然车站的事务，主要承担协调角色，发挥上传下达作用。自然车站日常生产活动主要由值班站长具体负责，值班站长受站长委托全面负责当班期间的行车施工、客运管理、乘客服务、事故事件处理和人员管理等工作。值班员分为行车值班员和客运值班员，站务员分为票务岗、厅巡岗和站台岗。对自然车站而言，在值班站长的统一指挥下，各岗位人员按照岗位职责和工作流程开展工作，如图6-2所示。

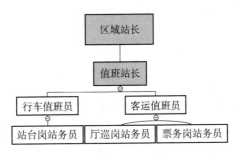

图6-2　城市轨道交通车站组织架构

2. 车站票务岗位职责

车站票务工作涉及岗位主要有区域站长、值班站长、值班员和站务员等，不同岗位的工作职责见表6-2。

表6-2　城市轨道交通车站票务岗位工作职责

票务岗位	工作职责
区域站长	全面负责区域站票务运作管理
	组织票务业务培训，指导和监督车站票务作业
	总体负责所管辖车站的车票、现金以及票务备品安全
	负责车站票务突发事件的应急处理
值班站长	负责企业票务部门、线路票务中心规章制度在本车站的实施与监督检查工作
	总体负责车站的车票、现金以及票务备品的管理、清点与交接工作
	负责车站各类报表台账的登记与管理，处理乘客票务事务
	负责车站工作人员的票务培训教育工作
	执行紧急情况下的票务运作模式
行车值班员	负责监控车站自动售检票设备的运行状态
	负责在突发情况下将系统设置成降级运行模式或紧急放行模式
	协助值班站长处理其他票务事务
客运值班员	负责车站自动售检票设备票箱、钱箱的更换、补币、补票及现金和车票的清点作业
	负责监督车站客流情况，发现问题及时上报处理
	负责安排并监督站务员的票务工作，以及给站务员的配票和结账工作
	负责车站车票、现金和备品的日常管理及台账的填写工作
	协助值班站长处理车站乘客的票务事务

续表

票务岗位	工作职责
票务岗站务员	引导乘客正确使用票务设备，检查车票的有效性
	为乘客办理车票分析、更新、退票和补票等业务
	负责本岗位的现金安全，准确、及时上交售票款，长款上缴、短款自负
	完成相应票务报表的填写，巡视售检票设备的运行情况
	处理简单的设备故障，完成上级交办的其他票务工作

知识库2 现金管理

城市轨道交通车站现金主要包括用于车站日常票务运行的备用金和票款收益，是车站票务管理的重要组成部分，车站现金安全管理工作会直接影响企业的收益。城市轨道交通运营企业对车站现金管理有严格的规定，工作人员应严格遵守企业规定，遵循专款专用的原则，严禁坐支票款、挪用备用金和弄虚作假。

一、备用金

备用金是指由城市轨道交通运营企业财务部门配发给车站，用于给乘客兑零、找零、自动售票机补币、与银行兑零等用途的周转资金，或乘客受伤时的应急基金。

视频 车站备用金

1. 备用金的申领与调整

车站根据硬币流失量、自动售票机每日合理补币金额及配给站务员所需金额向票务部门提出申请，票务部门将各站备用金首次申请汇总后，提交公司财务部门核准，并根据核准金额配发至车站。备用金在车站持续运营的情况下一般无须归还。

因车站客流等情况发生变化，需要增加备用金时，需先向票务部门提出申请，经审批后交财务部门办理增配业务。车站备用金减少时，车站按实际应减少的数量直接送行。车站备用金送行时须与票款分别填列现金缴款单，并注明"车站备用金送行"字样。

2. 备用金的使用

车站备用金的使用应严格执行公司财务制度，须按申请用途专款专用，不得挪作他用，不得用于垫付票务收益差额，不能违规借用。

车站备用金的使用应建立台账登记，每次进出库（保险柜）均须做好记录，每日运营结束后须清点备用金金额，做到账实相符。客运值班员每日给站务员及自动售票机配备用金时须填写相应的票务记录表，交接班时做好备用金交接记录。紧急情况下，乘客在车站受伤，须启用应急程序处理的，按相关规定可从车站备用金中借支，办理借支手续，及时归还。未经批准，严禁车站私自进行站间备用金的调配。

二、票款

票款，即票务收入，是指车站通过自动售票机、半自动售票机或临时票亭人工向乘客发售车票及办理票卡充值、更新等售票、补票业务中收取的现金。

1. 票款的来源

车站票款主要来自两个方面：一是自动售票机或自动充值机所得收益；二是站务员在客服中心操作半自动售票机所得收益。其具体包括以下几个部分：自动售票机发售单程票的收入、半自动售票机发售单程票的收入、人工发售预制单程票的收入、自动充值机收取的充值收入、半自动售票机上储值票的发售和充值收入、乘客事务处理产生的相关收入。

视频 车站票款

2. 自动售票机票款管理

每日运营开始前，车站值班员需将一定金额的备用金补充到自动售票机中，用于给乘客找零。运营过程中，乘客购票或充值产生的票款存入到纸币或硬币钱箱中。运营结束后，客运值班员需对自动售票机进行结账操作，取出所有剩余的纸币、硬币，到车站票务室按规定进行清点。

清点某一自动售票机所有钱箱票款金额时，在扣除客运值班员为自动售票机补充找零的金额后，即为当日自动售票机票款。为保证收益统计的准确性，车站对于补入自动售票机找零用的硬币、纸币的清点及钱箱票款的清点必须严格按公司规定进行，以确保准确无误。

3. 半自动售票机票款管理

半自动售票机票款，亦即票务岗站务员在客服中心作业时产生的票务收入。半自动售票机票款管理主要是通过值班员给站务员配票和结账来实现的，遵循短款自负、长款上交的原则。

三、现金安全管理

备用金和票款作为城市轨道交通运营企业车站现金的重要组成部分，其安全性直接影响到企业的财务安全。为保证车站现金安全，各城市轨道交通运营企业均有严格的管理规定。

1. 现金存放区域

城市轨道交通车站现金只能存放在规定的安全区域，主要包括票务室（票款室、点钞室）、客服中心（含临时售票亭，下同）、自动售票机或自动充值机钱箱内。

视频 车站现金安全管理

2. 现金安全管理

1) 票务室现金安全管理

票务室是车站票务工作的心脏，是车站现金、车票、票务物品的集散地，也是车站工作人员进行票务结账、清点钱箱、结算报表等票务工作的场所，用于存放车站现金、有值车票的保险柜以及票箱、纸币钱箱、硬币钱箱、票务钥匙、点钞机、验钞机、点币机及票务台账等票务工具器具。

票务室应设有防盗门，并随时保持锁闭状态，门钥匙由专人保管及使用。室内应配置监视设备，能对所有现金操作环节进行实时监视和实时录像，并留存一定时间段的录像供回放查看。除车站当班及指定工作人员外，其他人员不得进入票务室。确需进入时，必须得到当班值班站长的许可，并由当班值班员陪同方可进入。票务室需设立台账，记录批准人员和进入人员姓名、进入原因、进入时间以及离开时间等。当班工作人员离开时，票务室内所有人员必须随同离开，不得逗留。

2）客服中心现金安全管理

首先，客服中心应随时保持锁闭状态，钥匙由专人保管及使用。其次，运营过程中除当班站务员、车站票务检查人员及值班站长外，其他人员进入必须得到值班站长的许可，并由客运值班员陪同方可进入。再次，非运营时间，原则上不允许任何人进入客服中心，确需进入时，须得到值班站长许可。站务员在离开时必须将票款、有价票卡等放置在售票桌的抽屉内并保持锁闭状态，半自动售票机处于用户退出状态。最后，客服中心需设立台账，记录批准人员和进入人员姓名、进入原因、进入时间以及离开时间等。

3）运送现金安全管理

日常运送现金时，必须将现金放入锁闭的钱箱、票盒或上锁的手推车中，并由两名车站工作人员负责运送，以确保运送途中的安全。解行现金的安全必须由规定级别（一般为客运值班员）以上的工作人员负责。

4）清点现金安全管理

客运值班员在清点用于补充的纸币或硬币时，每台自动售票机的补币数量必须在票务室监控下进行读数并加封。用于补币的纸币或硬币清点完至补币前，应存放在票务室监控下。进行补币操作时必须双人负责，一人操作，一人监督，补币结束后需做好相应台账记录。

在清点自动售票机或自动充值机钱箱时，钱箱须放在安全区域。整个清点过程中任何人不得遮挡监控设备，若监控设备发生故障而造成车站无法按正常程序清点钱箱，则应由值班站长或以上级别的人员共同清点。清点过程中还要确保钱箱已倒空并无现金遗留在钱箱内，否则会出现短款情况。客运值班员在给站务员配票、结账时，整个过程也须在票务室监控状态下进行。

现金清点工作作业标准如下：

（1）现金清点要在车站票务室进行；

（2）清点工作要在有效监控范围内进行；

（3）现金清点工作至少两人在场，并互相监督；

（4）纸币钱箱和硬币钱箱要分开并逐一清点；

（5）现金清点和数据录入、台账填写要规范，并按解行的要求进行封存。

知识库3　车票管理

车票是票务收益的载体，是有价凭证，有效票卡的流通代表着资金的流动，一旦票卡管理出现问题会造成经济损失。车票管理就是建立专门的机构，将由生产厂家采购回来的票卡从发行、发售、使用至回收等各个环节进行严格、规范和有效的管理，同时也负责车票的赋值发售、使用管理、进出站处理、车票更新、车票加值、车票调拨、车票回收、车票注销和黑名单管理等工作环节。

一、车票运作流程

车票运作流程涉及车票的采购、初始化编码、配送、赋值发售、回收与注销等环节，如图6-3所示。

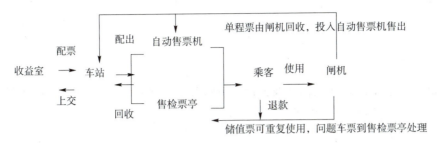

图6-3　车票运作流程

车站开始运营后，票务部门根据客流预测情况，提前拟定车票采购计划，组织车票采购，并录入车票库存管理系统。所有车票在投入使用前，必须由车票编码/分拣机对车票进行初始化处理。经过初始化后的车票由票务部门根据车站存量情况进行配送，配送作业过程应严格执行企业的票务管理规定。

正常情况下，配发到车站后的车票可以循环使用。当车站车票数量超过其最高保有量时，车站应将超出部分的车票封装，等待票务部门回收。车票的回收应做好台账登记，车票配送员与车站值班员办理车票交接，对车票种类、数量进行签字确认。

二、车票安全管理

1. 车票日常保管

1）车票存放

原则上车票只能存放于车站票务室、客服中心、TVM、BOM、AGM、车票回收箱，赋值储值票、纸票和预制票应存放于保险柜或上锁的票柜中。

2）客服中心车票保管

站务员在客服中心处理业务时，应将车票放在乘客接触不到的地方，同时做好安全防盗工作。

视频　车站车票管理

3）运送途中保管

车票在运送途中一律放在上锁的售票盒、票箱或上锁手推车中，赋值储值票、纸票和预制单程票需由两名车站工作人员负责运送并确保安全。

2. 单程票的保管

为避免混淆不同性质的单程票，单程票的保管应划分不同的区域，一般可分为上交区和循环区。

上交区车票：自动售票机等售检票设备产生的废票、无效单程票、过期的预制单程票等。

循环区车票：企业票务部门配发或调拨的普通单程票、出站闸机回收的普通单程票、运营结束后自动售票机票箱结存的普通单程票。

预制单程票的保管要注意：一是不同价格的预制单程票不能混放；二是不同有效期的预制单程票不能混放；三是已经过期的预制单程票放在"上交区"保管。

未出售完的预制单程票需用专用信封封装，填写张数、票种、日期、金额等说明，客运值班员与当班站务员当场清点确认签字，并连同车站报表一并上交公司票务部门。

知识库4　票务备品与票务钥匙管理

一、票务备品管理

城市轨道交通车站票务工作涉及面广、流程复杂、备品种类繁多，各种票务备品的申领、保管及使用有严格的管理规定。

1. 票务备品概述

车站常见的票务备品按用途可分为以下几种：

（1）存放工具器具类：主要用于存放车站现金和车票。

视频　车站票务备品管理

①钱箱、补币箱、尾箱。钱箱分为纸币钱箱和硬币钱箱，用于接收乘客购票或充值支付的纸币和硬币；补币箱也有纸币和硬币之分，用于给乘客找零；尾箱主要用于车站与银行进行现金交接时存放现金。

②自动售票机票箱、闸机票箱。自动售票机票箱用于存放待发售单程票；闸机票箱位于出站闸机，用于回收乘客出站时投入的单程票。

③售票盒、配票箱、车票回收箱。存放在车站客服中心，以供待售使用，用于站务员日常工作中各种车票、备用金、票款的收纳。配票箱由站务员上岗前到票务室领取（配票过程），下班前交还（结账过程）。

④票柜、保险柜。用于存放暂时不用的车票和现金，一般置于车站票务室。

（2）清点工具类：主要用于清点车票、现金的数量，以及检验钞票的真伪。

①验钞机。用于验明钞票真伪以及清点钞票数目的机器，一般具有多种检测手段，如荧光检测、磁性检测、红外穿透检测、激光检测、防夹心检测、多光谱检测等，通过检测人民币的固有特性来分辨真假。

②点钞机、点币机、点票机。主要用于清点纸币、硬币和车票的数量。

（3）运送工具类：主要用于运送车站现金和车票。

车站常见运送工具为票务手推车，用于装运各种钱箱、票箱等内含有贵重价值的设备及现金、车票等，可上锁，既减轻了工作人员的负担，又能确保运送途中的安全。

2. 票务备品管理

（1）备品需在"客服中心站务员交接班记录簿"上反映增减情况。

（2）备品由当班的客运值班员全权负责保管。

（3）备品发生故障或损坏时，应及时上报进行维修和备案。

（4）钱箱、票箱要轻放，双手平行摆放，注意日常维护。

（5）钱箱、票箱放入手推车时要注意放置平稳，推行时要匀速前进，保持清洁。

二、票务钥匙管理

1. 票务钥匙种类

票务钥匙指车站在开展票务工作时使用的钥匙，车站票务钥匙包括：自动售检票设备门钥匙、钱箱钥匙、补票箱钥匙、硬币/纸币钱箱钥匙、回收箱钥匙、客服中心门钥匙、票务室门钥匙、保险柜钥匙和尾箱钥匙等，如图6-4所示。

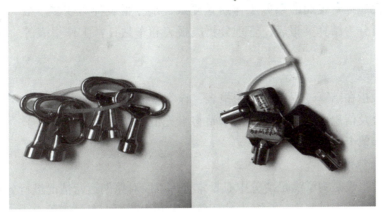

图 6-4 票务钥匙

2. 票务钥匙管理

由于票务钥匙的安全管理直接影响到车站车票、现金和设备等的安全,所以在车站日常工作中,需严格按照要求加强对票务钥匙的管理。

1)票务钥匙的保管

票务钥匙一般由值班站长保管,备用钥匙(除票务室门钥匙和防盗门钥匙外)由区域站长加封保管,票务室门备用钥匙和防盗门备用钥匙由值班站长保管。车站在对票务钥匙进行保管过程中需注意防止钥匙折断、重压,以免对钥匙造成损坏。

为保证票务钥匙保管有凭证记录,车站需设立台账记录钥匙保管情况。车站需定期对所负责保管的票务钥匙进行盘点,做到账实相符。当盘点发现账实不符时,车站应立即组织调查。

2)票务钥匙的使用

出于对车票及现金安全的考虑,城市轨道交通运营企业往往会限定票务钥匙的使用,要求工作人员不得同时借用或掌握。如:系统维修人员对自动售票机进行故障处理时,由车站人员持维修钥匙配合维修;客服中心门钥匙供站务员在运营售票期间使用,运营结束后客运值班员打印相关报表需借用钥匙时,需得到当班值班站长或以上级别人员的许可。

3)票务钥匙遗失与折损处理

票务钥匙在保管、使用时遗失,车站应及时组织调查并上报公司相关部门,同时在台账记录相关情况。除遗失自动售检票设备通用钥匙外,遗失其他票务钥匙时,车站应及时向相关部门申请更换相应锁头。车站票务钥匙自然折损或折断时,由公司相关部门负责钥匙的更换。

知识库 5 票务报表管理

一、票务报表的分类

票务报表是记录车站现金交接、收益汇总及车票交接、发售、站存的原始台账,也是结算部门对票务工作人员进行收益结算的原始依据,在车站票务工作中起着非常重要的作用。

城市轨道交通运营企业的票务工作纷繁复杂，票务报表种类较多。根据报表的性质可分为结算类报表、管理分析类报表和车站日常工作报表等类型。

视频 车站票务报表及填写

1. 结算类报表

结算类报表指在结算过程中产生的报表，该类报表完整体现了结算过程中的所有资金及信息内容，主要包括车站售卡充值收费统计表、车站车费收入统计表和票卡存量表等。

2. 管理分析类报表

管理分析类报表是为了满足清分中心日常管理以及对路网运营情况进行分析而设置的报表，主要包括车站票卡对账表、公务卡使用统计表和线路票卡存量表等。

3. 车站日常工作报表

车站日常工作报表用于车站日常票务事务，主要包括站务员日营收结算单、乘客票务事务处理单、钱箱清点报告或TVM日营收结算单和车站营收日报等。

二、常见票务报表

1. 站务员日营收结算单

站务员日营收结算单是站务员在结算过程中最常见的报表。当客运值班员给站务员配发车票、票据、备用金或追加车票、备用金，客运值班员预收款及与站务员结账时，都需要填写站务员日营收结算单，以便记录站务员作业时的现金变动情况，从而核算站务员作业时产生的实际票款收益。

2. 乘客票务事务处理单

乘客票务事务处理单一般是指车站自动售检票设备发生少找零、卡币、卡票、发售无效票等特殊情况，在半自动售票机上进行相关乘客事务处理时填写的报表。该报表用于记录站务员进行的有关乘客事务的处理情况，与站务员日营收结算单共同构成站务员收益结算的依据。

3. 车票退款记录表

车票退款记录表是指乘客退票的情形下，在半自动售票机上进行处理时填写的报表。该报表用于记录站务员进行的乘客退票事务的处理情况。

4. 钱箱清点报告

钱箱清点报告由车站客运值班员在每次更换完自动售票机钱箱，到票务室进行钱箱清点时填写，主要记录自动售票机的收益。在计算其收益时，需扣除补币金额。

5. 车站营收日报

车站营收日报是车站统计本运营日所有票务情况的台账。车站客运值班员在交接班时根据车站营收日报对车站的票款、备用金、车票等进行核对，值班站长在每个运营日结束后需根据车站营收日报对本站的票款、备用金、车票等进行核对，并将票款封在解行箱内，等待解行。

三、票务报表管理

1. 报表的填写

（1）报表的各项数据必须按要求填写，遵循真实、准确、完整和及时的原则。

（2）报表必须用蓝色或黑色笔填写，字迹清晰、工整，不得潦草。

（3）报表中使用的数字应为阿拉伯数字，填写时应逐字书写，不得连笔书写。对于金额一栏，小数点后无数字时，可用"00"或"-"表示，避免篡改。

2. 报表的更正

当报表填写发生错误时，不得刮擦、挖补、涂抹或用化学药水更改字迹。确需更改时，需通知相关当事人确认，按规定当面进行更改。必须用划线更正法进行更改，即在报表中错误的文字或数字上划一红线，以示注销，要求划去整个错误数字，然后在该处盖上更改人员名字修正章或者签字以示负责。当更改次数较多导致报表模糊不清时，应另填写一份，该份报表作废。

3. 报表的作废

当报表需要作废时，应当加盖"作废"戳记，全部保存，保持报表的连号，不得撕毁，并随当日报表于次日上交票务管理部门。

4. 报表的交接与保管

报表的交接要按规定的时间、地点和方式进行，各站客运值班员将车站的报表归整后放入文件袋中，做好报表交接的准备工作，由公司票务部门人员按既定方式收取车站报表。

报表需在一定期限内留存，以备结算部门、审计部门提取相关数据。车站应定期按报表分类，整理并装订报表，检查报表是否完整，并设立专门的报表保管室对报表进行统一保管，确保报表的安全。各城市轨道交通运营企业对具体的保管期限有不同的要求，一般是按照统计范畴的规定执行，保管期限满后由所属部门统一注销、销毁，严禁私自将报表注销、销毁，以防泄漏商业机密。

【任务实施】

（1）实地调查或查阅资料，用组织架构图描述你所在或感兴趣城市轨道交通运营企业票务部门与岗位组织的架构情况，描述其职责，见表6-3。

表6-3　城市轨道交通运营企业票务部门与岗位组织架构情况

序号	运营企业	票务部门职责	票务岗位职责
1			
2			
3			
4			
5			
……			

（2）调研你所在或感兴趣城市轨道交通运营企业车站票务管理规定的情况，完成表6-4所列表格。

表 6-4　车站票务管理规定

运营企业	现金管理	车票管理	票务备品与钥匙管理	票务报表管理

【任务评价】

评价方法：以小组为单位进行评价，评价主体为教师和学生，教师评价占 60%，小组自评占 20%，组间互评占 20%，见表 6-5。

表 6-5　任务评价

序号	评价标准	分数	评分记录		
			小组自评	组间互评	教师评价
1	小组成员的参与情况	10			
2	组织架构图的完整性	15			
3	票务部门与岗位职责分析的全面性	30			
4	票务管理规定描述情况	40			
5	任务提交的及时性	5			

【巩固与练习】

一、选择题

1. 下列不属于公司票务部门职责的是（　　）。
A. 牵头组织票务管理规章、各项票务制度的拟定
B. 监督、检查和指导车站有关票务制度、政策的执行情况
C. 负责管理车站现金、各类报表及票务备品等
D. 汇总并制作营收报表、客流数据及其他报表

2. 下列不属于线路票务中心职责的是（　　）。
A. 在公司票务部门的领导下，参与制定各管辖线路内 AFC 系统票务的工作制度和作业流程
B. 负责管辖线路内票务专业知识的培训
C. 负责单程票、出站票、福利票、定值纪念票等的发售及日常管理工作
D. 汇总并制作线路营收报表、客流数据及其他报表

3. 下列属于车站票务室职责的是（　　）。
A. 牵头组织票务管理规章、各项票务制度的拟定
B. 监督、检查和指导车站有关票务制度、政策的执行情况
C. 负责管理车站现金、各类报表及票务备品等
D. 汇总并制作营收报表、客流数据及其他报表

4. 张三在地铁车站购票时遇到卡币情况，工作人员需在（　　）记录。
   A. 票务员日营收结算单　　　　　　B. 退款记录表
   C. 乘客票务事务处理单　　　　　　D. 钱箱清点报告
5. TVM 硬币循环找零箱的现金属于（　　）。
   A. 备用金　　　B. 票款　　　C. 备用金和票款　　　D. 备用金或票款
6. 备用金的用途不包括（　　）。
   A. 与银行兑零　　B. 为乘客找零　　C. TVM 补币　　D. 弥补票款差额
7. 下列说法不正确的是（　　）。
   A. 紧急情况下乘客在车站受伤可借支备用金
   B. 车站间不允许私自借用备用金
   C. 备用金在车站持续运营情况下无须归还
   D. 每日运营结束后备用金需办理解行
8. 城市轨道交通车站现金只能存放在规定的安全区域，不包括（　　）。
   A. 票务室　　　B. 客服中心　　　C. 自动售票机　　　D. 值班站长室
9. 下列关于预制单程票保管的说法错误的是（　　）。
   A. 不同价格的预制单程票不能混放
   B. 不同有效期的预制单程票不能混放
   C. 与普通单程票管理相同
   D. 已经过期的预制单程票应放在"上交区"保管
10. 票务室门备用钥匙和防盗门备用钥匙一般由（　　）保管。
    A. 值班站长　　B. 区域站长　　C. 行车值班员　　D. 客运值班员

二、判断题
1. 车站现金主要来源于备用金和票款。　　　　　　　　　　　　　　（　　）
2. 车票退款记录表是在乘客退票情形下在半自动售票机上进行处理时填写的报表。
　　　　　　　　　　　　　　　　　　　　　　　　　　　　　　（　　）
3. 城市轨道交通运营中，当乘客索取发票时，原则上按乘客乘坐的当次车程的车资开具同等金额的发票。　　　　　　　　　　　　　　　　　　　　（　　）
4. 备用金不得用于垫付票务收益差额，车站间不能借用。　　　　　　（　　）
5. 乘客票务事务处理单一般用于车站自动售检票设备发生少找零、卡币、卡票、发售无效票等特殊情况。　　　　　　　　　　　　　　　　　　　　　（　　）

任务 2　票务岗站务员票务业务管理

【任务目标】

1. 知识目标
（1）熟悉票务岗站务员的基本要求与主要职责。
（2）掌握票务岗站务员的票务业务内容。
2. 能力目标
（1）能按要求做好车票发售、充值、退票、异常票卡处理等工作。

（2）能按规定使用票务备品、票务钥匙，准确填写各类票务报表与台账。

（3）能正确处理 BOM 卡票等简单故障。

（4）能按规程完成出站闸机回收票箱的更换操作。

3. 思政与素养目标

（1）培养学生的岗位责任意识和实践操作能力。

（2）培育学生爱岗敬业、文明作业和全心全意为乘客服务的职业品质。

【任务描述】

写出票务岗站务员一日票务作业内容。

【任务知识库】

站务员是车站岗位组织架构中的基础性岗位，按照工作地点和工作任务一般可分为站台岗、票务岗和厅巡岗。票务岗站务员工作地点在客服中心，是直接服务乘客的票务管理岗位。

一、票务岗站务员基本要求与主要职责

1. 票务岗站务员基本要求

（1）上岗前做好仪容仪表的自我检查，必须佩戴工牌，着统一服装，做到仪表整洁、仪容端庄。

（2）工作时应精神饱满、思想集中，不与同事闲聊，上班期间不使用手机做与工作无关的事。

（3）售票时应做到票款准确无误，对乘客表达不清楚的地方要仔细问清楚，提醒乘客当面点清找赎钱款。

（4）仔细聆听乘客的询问，耐心听取乘客的意见。在乘客说话时，应与乘客有眼神接触，并且点头表示明白或给予适当的回应。

（5）业务熟练，工作有序、高效。

2. 票务岗站务员主要职责

（1）负责客服中心当班期间兑零、售票、充值、退票和异常票卡的处理，保证票款正确和安全，并在规定的时间开关售票窗口。

（2）保管当班期间票务备品、报表、票据、现金、车票和票务钥匙。

（3）巡视车站票务设备的运行情况，引导乘客正确操作票务设备。

（4）及时回收乘客遗留车票，处理与乘客相关的票务事务。

（5）作业结束后清点现金、车票、发票，归还票务钥匙及备品，核对业务凭证。

（6）完成相应票务报表、台账的填写。

（7）识别票务设备故障并及时上报。

（8）完成出站闸机回收票箱的更换操作。

（9）按规定进行交接班作业。

（10）协助处理车站票务的紧急情况。

二、票务岗站务员票务业务管理

1. 上岗前作业

站务员准时到岗,当班客运值班员为站务员进行配票工作。所谓配票,是指票务岗站务员开始作业前,客运值班员为其配发车票、发票、备用金、票务报表、票务备品与钥匙的过程。

正常情形下乘客票务事务处理1、2

1)配发车票

在监控范围内,站务员当面清点客运值班员准备好的单程票、一日票、三日票等车票,确认无误后填写"站务员日营收结算单"中"票种"和"配发数量"栏,并当面确认客运值班员在车站计算机工作站(SC系统)"票务管理"界面录入的内容与实际配发是否相符,无误后在系统上确认、保存。

2)配发备用金

在监控范围内,站务员当面清点客运值班员准备好的备用金,确认无误后填写"站务员日营收结算单"中"备用金"和"配发金额"栏,并当面确认客运值班员在车站计算机工作站(SC系统)"现金管理"界面录入的内容与实际配发是否相符,无误后在系统上确认、保存。

3)配发报表

站务员检查客运值班员配发的"站务员日营收结算单""乘客票务事务处理单"等各类票务报表是否齐全。

4)配发票务备品、票务钥匙

站务员向客运值班员领取售票盒等上岗作业必备的票务备品,领取客服中心钥匙、半自动售票机票箱钥匙等。

上岗前作业注意事项:防止车票、备用金、报表和钥匙等配发错误;防止填写报表和录入车站计算机工作站时填错;客运值班员与站务员须当面清点所有车票及备用金,填写报表并确认签章;配票过程必须在票务室监控的有效范围内进行。

2. 上岗作业

在首班车到本车站前的规定时间内(一般为15 min),站务员需到客服中心登录BOM,录入备用金、配票数据,开始上岗作业。同时开启检票机电源,检查设备运行状态。

(1)作业时必须遵守"一收、二唱、三操作、四找零",车票在交给乘客之前必须使用BOM进行分析,确保每张车票的有效性,并通过显示屏请乘客确认。

(2)作业时只接收现金,不接收外币和银行卡。

(3)若车票、备用金不足,站务员必须及时通知客运值班员进行补充,并在"站务员日营收结算单"等相关报表上注明,做好交接工作。

(4)若站务员中途离岗或返回客服中心,必须与顶岗人员当面交接清楚后(顶岗人员需另配备用金,若未另配备用金,则严禁顶岗人员上岗),再在BOM上注销或登录。

3. AGM回收票箱更换作业

运营期间,当车站计算机系统提示AGM回收票箱将满时,票务岗站务员需进行更换票箱作业。更换新票箱后,将取出来的票箱带到票务室,在监控有效范围内进行清点。

4. 交接班作业

站务员每日作业结束后,需要进行交接班,由交班站务员、接班站务员与客运值班员在客服中心进行交接。

（1）交班站务员做好交接准备，待接班站务员到达客服中心后，应在保证正常服务的同时进行交接。

（2）交班站务员将本班所有现金、车票及各类报表收好，并及时退出 BOM 后再与接班站务员进行交接。交班站务员需向接班站务员传达近期票务的相关通知、规定及其他注意事项。

（3）接班站务员检查客服中心内票务设备、票务备品、钥匙齐全及状态完好后，在"客服中心站务员交接班记录簿"上签字确认。

（4）接班站务员使用自己的账号及密码登录 BOM，开始上岗作业。

交接班注意事项：客运值班员负责监督交接工作，实行力度交接，杜绝信任交接；交班站务员需将本班所有现金、车票、发票及各类报表收好后再与接班站务员进行交接；交班站务员离开客服中心时需及时退出 BOM，接班站务员需使用自己的账号与密码登录；接班站务员需按要求及时填写"客服中心站务员交接班记录簿"。

5. 结账作业

所谓结账作业，是指客运值班员在站务员上岗作业结束后，在票务室监视系统下对站务员在客服中心作业过程中实际收取乘客的票款、回收的车票进行清点并记录在相关报表的过程。报表中记录的实收票款金额将作为结算站务员实收金额与应收金额，确定站务员有无长短款的唯一依据。因此，客运值班员在与站务员结账时，必须严格按照规定完成，确保报表记录的实收金额能如实反映站务员当班期间的实际票务收入。

（1）站务员上岗作业结束后，应将所有现金放入上锁的手提箱中，并携带车票、发票及各类报表等到票务室与客运值班员共同清点，进行结账作业。

（2）客运值班员与站务员双人清点所有票款并确定金额正确，以实点数填写"站务员日营收结算单"中"实收金额"栏，双方签章确认，现金交由客运值班员保管。

（3）客运值班员与站务员双人清点所有备用金并确定金额正确，在"站务员日营收结算单"中"备用金"栏填写金额，双方签章确认，现金交由客运值班员保管。

6. 异常情形的处理

1）假币、残币的处理

票务岗站务员在收取乘客交付的现金时，均需经过人工及设备的识别。如发现为假币、残币，则按公司规定进行处理，并请乘客另换一张。若设备不能识别且人工无法确认真伪的钞票，站务员应立即退还乘客，并请乘客另换一张。

车站现金来源及假钞等处理

在清点现金时，如遇假币、残币，一般遵循"谁收取、谁补还"的原则，由收款人结账时现场补足，并由客运值班员做好记录，将假币、残币在票务室监控下单独封包，并在相关台账上记录。

2）长款、短款的处理

长款是指实点金额比报表上的金额大，短款是指实点金额比报表上的金额小。客运值班员在给站务员结账的过程中，如果发现长款，则多出的金额作为其他票款，由接班站务员计入当日营收，并在相关报表上做好记录；如果发现短款，则由交班站务员补齐相应差额，并在相关报表上做好记录。

【任务实施】

利用校内实训室设备，分组模拟票务岗站务员一日票务作业内容，写出具体流程。

【任务评价】

评价方法：以小组为单位进行评价，评价主体为教师和学生，教师评价占60%，小组自评占20%，组间互评占20%，见表6-6。

表6-6 任务评价

序号	评价标准	分数	评分记录		
			小组自评	组间互评	教师评价
1	仪容仪表、着装等是否符合岗位要求	10			
2	上岗作业是否符合规定	50			
3	交接班作业是否符合规范	30			
4	是否按时完成所有程序，整体效果是否良好	10			

【巩固与练习】

一、判断题

1. 票务岗站务员负责车站的售补票工作和一卡通充值服务，并在规定的时间开关售票窗口。（   ）

2. 票务岗站务员需按规定处理乘客票务事务，对乘客的要求有求必应。（   ）

3. 票务岗站务员上岗作业前，需到客运值班员处进行配票。（   ）

4. 交接班作业时，应保证客服中心能及时处理乘客的票务事务。（   ）

5. 站务员在客服中心处理车票时，应将车票放在乘客接触不到的地方，并做好安全防盗工作。（   ）

6. 第一班站务员向客运值班员领取客服中心钥匙，并需在"客服中心交接班登记簿"上进行登记。（   ）

7. 接班站务员向交班站务员领取票务钥匙，并需在"票务钥匙借用登记簿"上进行登记。（   ）

8. 接班站务员需使用自己的账号及密码登录 BOM 作业。（   ）

9. 客服中心站务员交接班时，应采取力度交接而不是信任交接方式。（   ）

10. 配票与结账能如实反映票务岗站务员当班期间的实际票务收入。（   ）

任务3　值班员票务业务管理

【任务目标】

1. 知识目标
（1）熟悉值班员票务管理的主要职责。
（2）掌握客运值班员票务业务的内容。

2. 能力目标
（1）能对 TVM、BOM 进行补充单程票、找零现金、回收单程票、结账列印的操作。
（2）能处理自动售票机和检票机卡币、卡票等故障。
（3）能正确填写与核对票务报表与台账，完成现金、车票等保管与结算工作。
（4）能正确使用、保管与交接票务钥匙。
（5）能协助值班站长处理应急情况下的票务事务。

3. 思政与素养目标
（1）培养学生的安全意识、规则意识和实践操作能力。
（2）培育学生严守规章、规范操作、爱岗敬业的职业品质。

【任务描述】

分组模拟客运值班员一日票务业务。

【任务知识库】

城市轨道交通车站值班员分为行车值班员和客运值班员，在票务方面值班员各司其职、分工协作，共同做好车站票务的管理工作。

一、行车值班员票务管理主要职责

一般来说，行车值班员主要负责行车业务，同时在售检票设备故障处理、票务安全监督、车站计算机数据查询等方面协助客运值班员。其票务管理主要职责如下：
（1）负责监控 SC 的运作，通过 SC 监控车站自动售检票设备状态。
（2）负责跟踪 AFC 设备的运作，并做好报修及记录工作。
（3）应急情况下操作闸机紧急释放。
（4）在售检票设备大面积故障的情形下，启动应急预案，疏导乘客，指导票务事务处理。
（5）识别各类票务违规操作情况，协助值班站长处理。

二、客运值班员票务管理主要职责

客运值班员负责具体票务事务，主要工作职责包括对 AFC 设备及系统运作状态的监控，票务作业安排和管理，车票、现金、票务备品安全管理，乘客事务处理等。具体如下：
（1）安排并监督站务员的票务工作。
（2）负责在运营开始前开启车站 AFC 设备。

（3）负责车站票款的解行工作。

（4）负责给站务员配票以及结账工作。

（5）完成相应票务报表、台账的填写，并审核上一班的报表，负责每月报表的装订和存档。

（6）负责车票和报表的接收、上交等工作。

（7）保管车站票务室的车票、现金、报表、票据、票务备品、票务钥匙等。

（8）负责安排TVM钱箱、票箱的更换、补币和补票工作。

（9）处理与乘客相关的票务事务。

（10）协助值班站长处理票务紧急情况。

三、客运值班员票务业务管理

城市轨道交通车站客运值班员一般采用"两班倒"方式，按照"白班、夜班、下夜班、休息"4天一个循环方式排班，每班12 h。

1. 上岗前作业

以客运值班员白班作业为例，在首班车到本车站前规定的时间内（一般为30 min），行车值班员登录车站计算机系统，远程开启车站自动售检票设备，检查车站计算机系统与自动售检票设备网络连接情况，将本站设定为"正常运行模式"。客运值班员根据站务员上岗数量，准备好相应数量的车票、发票、备用金及票盒等，将配置的车票、发票、备用金置于票盒、信封、硬币盒中，填写好"客运值班员交接班记录簿"中相关信息，待站务员到岗后签字确认。同时，为车站投入服务的TVM、BOM准备好一定数量的车票、纸币和硬币，进行运营前的补币和补票作业。

2. 上岗作业

1）补币、补票作业

运营期间，当客运值班员发现车站TVM、BOM等设备找零模块和票箱需要补币、补票时，需及时进行相关操作。作业时，由客运值班员与一名站务员双人操作完成，以确保在补币、补票过程中现金和车票的安全。用于补币的纸币或硬币、补票的车票必须在票务室监控有效范围内，由客运值班员和站务员双人共同清点后装入对应的钱箱或票箱中并锁闭。

2）TVM钱箱更换作业

运营期间，当车站计算机系统提示TVM纸币钱箱、硬币循环找零箱、硬币回收箱将满或其他必须更换钱箱的情形时，需进行更换作业。更换新钱箱后，将取出来的钱箱带到票务室，在监控的有效范围内进行清点工作。

3）监督站务员交接班及结账作业

票务岗站务员交接班时，客运值班员负责监督交班站务员与接班站务员的交接工作，确认其填写"客服中心站务员交接班记录簿"。

在完成接班站务员配票工作后，客运值班员着手开始交班站务员的结账工作。票款、备用金、结余车票等需在票务室监控有效范围内当面清点，双方在"站务员日营收结算单""客运值班员交接班登记簿""票据存根登记台账"等报表上签章确认。

4）票款的收缴与加封

票款汇总后需进行整理、封扎，必须用统一的钱袋或信封或砂纸按规定封包。每一笔解款单对应一只封包袋，封口条必须填写日期、站名、金额，封口条上的金额必须与解款单金额一致。为确保车站票款安全,所有现金的加封均需由双人负责,加封后必须保证一经破封无法复原。

5)票款解行

票款解行也称为现金解行,是指城市轨道交通车站将票款存入企业在银行的专用账户的过程,目前票款解行方式主要有直接解行和集中站收款两种。

直接解行是指由车站清点好票款,并由车站工作人员送到银行,银行工作人员与车站工作人员当面清点并立即返还现金送款单的解行方式。这种方式适合有驻站银行的车站。

集中站收款,也称打包返纳,是指银行或专门的押运公司派人到车站收取票款,运送到银行,银行工作人员按规定清点好后于次日返还现金送款单,最终确认送到银行金额的解行方式。这种方式适合距离银行地理位置较远的车站。

从应用情况来看,大多数车站采用集中站收款方式。在集中站收款下,车站将当日需要解行的票款由客运值班员在监控状态下进行清点,清点完毕由值班站长复核并签字确认后,客运值班员填写交款单,注明交款金额、企业交款账号等信息,将票款封好等待押运公司上门收取送银行,银行在清点收到的票款并确认无误后存入企业指定账户。

当银行在清点车站解行的票款过程中,发现长款、短款或假钞时,按实际清点金额入账,并将差错情况反馈给车站,车站上报后由公司组织调查处理。车站票款解行流程如图6-5所示。

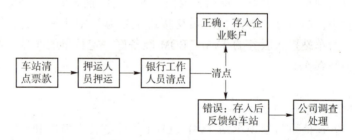

图6-5 车站票款解行流程

3. 交接班作业

客运值班员白班作业结束后,晚班作业开始,因而需要进行交接班,交班客运值班员与接班客运值班员在票务室进行交接。

(1)交班客运值班员做好交接准备,待接班客运值班员到岗后进行交接。交班客运值班员退出系统,接班客运值班员使用自己的账号及密码登录SC系统。

(2)交班客运值班员在监控范围内与接班客运值班员当面清点所有备用金、车票、票务备品和票务钥匙,并与SC系统、"客运值班员交接班登记簿""TVM日营收结算单""站务员日营收结算单"等核对,确保账实相符。

(3)检查"客运值班员交接班登记簿""TVM日营收结算单""站务员日营收结算单"等票务台账、报表各项内容填写情况,确保无误。

(4)各项工作均已完成后,交接班客运值班员在"客运值班员交接班登记簿"上签章确认。

4. 兑零作业

由于硬币具有易清洗消毒、不易卡币及操作简便等特点,因而多数城市轨道交通运营企业的备用金为硬币。当车站硬币数量不足时，需进行兑零作业。

客运值班员需根据车站备用金和实际需要确定兑零金额，在规定时间前准备好兑零金额到集中兑零车站进行兑零，兑零工作一般由一名站务员和一名安保人员负责。车站按先后顺序到指定地点等候，站务员带着装有兑零备用金的皮箱进入票务室与兑零负责人交接备用金。

集中兑零车站将各车站须兑零的纸币整理好，与银行进行交接。集中兑零车站在收到兑零硬币后，须检查确认硬币封箱上的封签是否完好，同时按封签上的累加金额与银行办理交接；若交接时发现封签破损，须与银行当面确认封包金额是否正确后再办理交接。

兑零的硬币如出现假币、残币、外币的情况，则车站将此类硬币加封后与银行兑换相应金额的硬币。车站如在兑零过程中与银行发生争议，需上报票务部门、财务部门后，由财务部门组织票务部门、车站与银行沟通协调解决。

5. 运营结算

运营结算在本站最后一列载客列车开出，车站关站后、SC 系统设置的运营结束时间之前进行。运营结算时，SC 系统需设置为暂停服务。

1）钱箱、票箱回收

（1）TVM 钱箱、票箱回收。客运值班员与站务员双人操作，确保在回收钱箱、票箱过程中现金、车票的安全。必须逐台收取，需先清空硬币补币箱和循环找零箱后，再更换硬币回收箱→纸币钱箱和找零箱→票箱（是否每日需要，取决于具体规定），再将更换下来的钱箱、票箱用票务手推车送回票务室进行清点。必须逐一清点，严禁混点、漏点，完毕后填写相关报表和台账。

（2）BOM 票箱回收（是否每日需要，取决于具体规定）。BOM 票箱回收操作由客运值班员和站务员双人完成，以确保回收票箱过程中车票的安全。必须逐台收取，用票务手推车送回票务室进行清点，完毕后填写相关报表和台账。

（3）AGM 票箱回收（是否每日需要，取决于具体规定）。AGM 票箱回收工作一般由站务员执行。操作时必须逐台收取，用票务手推车送回票务室进行清点，完毕后填写相关报表和台账。

2）票款结算

客运值班员需在每日运营结束后，将自动售票机所得收益和半自动售票机所得收益进行清点，计算车站当日总收益，填写"车站日营收报表"，并按规定及时存入企业在银行的专用账户。各个车站将当日数据汇总后，就可以计算整条线路产生的收益。依此计算，整个公司的日营收就可以掌握，如图 6-6 所示。

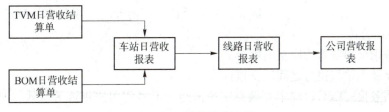

图 6-6 票款结算流程

6. 递交报表

运营结束后,客运值班员必须按规定时间将"站务员日营收结算单""TVM 日营收结算单""乘客票务事务处理单"等报表纸质件和扫描件递交。递交时,需将相关报表单独加封装入袋中,双人加封并注明报表日期、车站和加封人。

【任务实施】

利用校内实训室设备,分组模拟客运值班员一日票务作业,写出具体流程。

【任务评价】

评价方法:以小组为单位进行评价,评价主体为教师和学生,教师评价占 60%,小组自评占 20%,组间互评占 20%,见表 6-7。

表 6-7 任务评价

序号	评价标准	分数	评分记录		
			小组自评	组间互评	教师评价
1	仪容仪表、着装等是否符合岗位要求	10			
2	上岗作业是否符合规定	50			
3	交接班作业是否符合规范	30			
4	是否按时完成所有程序,整体效果是否良好	10			

【巩固与练习】

判断题

1. 客运值班员负责监控车站自动售检票设备的运行状态。( )
2. 运营开始前,客运值班员需准备好车票、备用金,做好给站务员的配票工作。( )
3. 交班客运值班员根据车站实际库存车票数量、备用金数量等如实填写相关台账。( )
4. 客运值班员与站务员之间的现金交接体现在解行和清算环节。( )
5. 直接解行的优点是由专门押运机构负责配送,提高了运送途中的安全性,减少了各车站解行时间。( )
6. 集中站收款的缺点是银行入账凭证延迟返还,不能及时发现各车站解行票款的问题,还要付费给押运公司。( )
7. 车站备用金和票款均应按时解行。( )
8. 解行涉及车站与银行之间的交接。( )
9. 各类票务报表填写过程中要做到字迹清楚,不得使用修正液等涂改,必须用划线更正法。( )
10. 运营结算时,SC 系统仍可为乘客提供服务。( )

任务 4　值班站长票务业务管理

【任务目标】

1. 知识目标

（1）熟悉值班站长票务管理的主要职责。

（2）掌握值班站长票务业务的内容。

2. 能力目标

（1）能按要求监督和检查车站票务工作人员的各项票务工作。

（2）能确认车站现金、车票及备品等账实情况。

（3）能细化车站运作标准及岗位作业流程，按规定稽查票务违章行为。

3. 思政与素养目标

（1）培养学生的团队合作意识、组织协调能力和创新性思维。

（2）培育学生团结协作、钻研业务、开拓创新的职业品质。

【任务知识库】

相较于站长负责某一区域站的各类事务，值班站长只负责某一自然车站的各类事务。一般来说，每个自然车站有 2~3 名值班站长，采取轮流上班制或交接班制。值班站长是车站票务业务管理工作的主要负责人。

一、值班站长票务管理主要职责

值班站长票务管理的主要职责有：负责本班票务的运作管理，检查、督促、指导、协助客运值班员开展相关票务工作；负责车站的车票、现金以及票务备品安全；负责乘客事务的处理；处理票务紧急情况，执行紧急情况下的票务运作模式等。具体如下：

（1）负责本班的车站票务管理工作，确保本班票务运作顺畅。

（2）负责本班车票、现金、票据及票务备品等的安全，保管部分票务钥匙。

（3）负责车站票务室闭路监控系统的日常管理和监控。

（4）检查、监督、落实员工的票务工作。

（5）负责补币的监督工作。

（6）处理票务紧急情况，并及时上报相关部门。

（7）必要时处理乘客的票务纠纷。

（8）负责跟踪 AFC 设备的运作，并做好记录，发现问题及时通知维修部门。

（9）负责票务管理相关通知、规定的传达、监督、执行和检查。

（10）每月定期向站长汇报票务工作，反映票务工作的真实情况，提出票务工作建议。

二、值班站长票务业务管理

1. 运营前准备工作

运营前，值班站长应组织本班组行车值班员、客运值班员和站务员等工作人员做好各项准备工作。在首班车到本车站前的规定时间内，值班站长应巡视出入口、电扶梯、站厅层、站台层等。

2. 监督客运值班员作业

作为车站票务业务管理的主要负责人，值班站长负责监督客运值班员票务钥匙交接、清点票务钥匙和备品、填写票务报表及台账等。

（1）监督票务钥匙交接。借用票务钥匙必须在相关台账上登记，钱箱钥匙由值班站长保管和当面交接。交接人员需根据交接凭证当面清点钥匙种类、数量，确认无误后办理交接手续，各类票务钥匙数量以"票务钥匙清单"为准，并以实点数交接。

（2）监督客运值班员清点票务备品。监督客运值班员当面清点票务备品，与"值班员交接班登记簿"上的数据进行核对，确保账实相符，并检查票务备品是否齐全、完好。

（3）监督客运值班员填写票务报表与台账。检查客运值班员填写、登记的票务报表与台账中各项内容的填写是否清楚，是否账实相符。

（4）监督交班值班员退出、接班值班员登录现金库存系统。检查交班客运值班员是否退出系统，接班客运值班员是否使用自己的账号及密码登录现金库存系统。

3. SC 操作

SC 只允许当班站长、值班站长、客运值班员、行车值班员及 AFC 维修人员进行操作或查询，操作完毕后应立即注销退出。正常情况下，车站计算机应 24 h 开启。运营开始前，由值班站长负责注册进入车站计算机，检查系统参数版本，通过车站计算机监控台开启 AFC 设备，检测车站计算机与各设备的连接状况等。运营结束后，由值班站长或客运值班员通过车站计算机关闭所有 AFC 设备（设置为暂停服务状态），注销退出。

4. 运营结算管理

（1）监督（协助）客运值班员回收售检票设备内的车票及票款，双人操作，确保在回收钱箱、票箱过程中现金及车票的安全。

（2）监督（协助）客运值班员完成清点工作，双人共同清点，纸币钱箱和硬币钱箱分开逐台清点，监督客运值班员在 TVM 清点完毕后才可进行备用金兑零工作。

（3）监督（协助）客运值班员填写相关票务报表及录入现金库存系统，负责核实报表填写是否规范、准确，检查当日现金库存系统内所有数据录入情况，核实数据录入是否准确、齐全，无误后在规定时间内提交。

（4）监督（协助）客运值班员封包解行工作，车站交存银行及兑零的现金全部在票务室监控下双人清点，加封并装入解行包，车站填写的"现金缴款单"各栏要素必填写齐全、准确。

5. 车票盘点

车票的盘点工作由客运值班员和值班站长双人进行，一般在每月规定时间运营结束后对站存各票种车票（含票据），分票种、票价进行全面盘点。盘点时除票务部门人员加封、站长与值班站长共同加封的车票无须拆封、按加封数量盘点外，其他车票需清点实际数量，并在"客运值班员交接班簿"备注栏注明盘点情况，由盘点双人签章确认。盘点结束后，若发现车票的实际盘存数量与当天的账面结存数不符，则车站应将账实不一致的情况立即上报。

【巩固与练习】

判断题
1. 相较于客运值班员，值班站长的票务管理职责较宏观。（   ）
2. 运营开始前，值班站长通过 SC，开启车站 AFC 设备。（   ）
3. 值班站长直接监督站务员之间的交接班作业。（   ）
4. 值班站长负责监督客运值班员票务钥匙交接、清点票务钥匙和备品、填写票务报表及台账等。（   ）
5. 值班站长上岗作业采取轮流上班制或交接班制，具体由当地城市轨道交通运营企业规定。（   ）

任务 5　票务违章与票务事件处理

【任务目标】

1. 知识目标
（1）熟悉票务违章和票务事件的概念及表现。
（2）掌握企业票务的政策、规章制度、设备操作规程与作业流程。

2. 能力目标
（1）能区分票务违章和票务事件的概念及表现。
（2）能按规定做好票务管理的各项工作。

3. 思政与素养目标
（1）培养学生的规则意识和岗位责任意识。
（2）培育学生敬畏规则、爱岗敬业和精益求精的职业品质。

【任务描述】

根据所学知识，分析案例。

【任务知识库】

知识库 1　票务违章及处理

票务违章会对城市轨道交通运营企业的票务工作造成影响，为减少违章行为的发生，相关工作人员必须掌握企业票务规定，以保证票务工作顺利进行。

一、票务违章的概念及定性原则

1. 票务违章的概念

票务违章是指在运营企业票务运作中，因员工违反票务管理规则、设备操作规范、作业流程等给票务工作造成轻微影响、损失，未构成票务事件的行为或操作，其行为非当事人主观故意，无个人、集体获取利益的行为或操作。

2. 票务违章的定性原则

票务违章定性原则有两条：一是违反票务规章制度，但未给票务工作造成较大影响或损失；二是其行为非当事人主观故意。

二、票务违章的表现

票务违章主要表现在台账报表、票卡管理、票款管理、票务用房/设备/用品管理、AFC设备使用以及其他管理等方面。

1. 现金管理和使用方面

（1）未按规定时间处理长短款。

（2）未按规定程序解行，或解行金额与实际不符。

（3）"现金缴款单"填写错误。

（4）未按企业规定管理现金、将现金遗留在客服中心等。

2. 车票管理和使用方面

（1）节假日未在规定时间上报车站昨日车票结存量。

（2）未按标准封装车票。

（3）未及时配发或上交车票。

（4）车票编码人员在对车票编码时出现错误。

（5）丢失一定数量的车票等。

3. 报表填写和管理方面

（1）未按规定填写、保管报表，或未及时上交报表。

（2）票务工作人员未按规定核实车站票务报表内容，或发现报表错误后未及时更正、跟踪。

（3）报表未按规定签字确认。

（4）票务工作人员交接不清、未按规定填写交接班台账，但未造成不良影响或经济损失。

（5）通知车站更正报表后未及时执行等。

4. 乘客事务处理方面

（1）填写乘客事务处理单时多填、少填、错填，或未按规定签认。

（2）多起乘客事务填写在同一张事务处理单上。

（3）冒充乘客签认或篡改乘客事务处理单，但经查实非舞弊行为。

（4）处理乘客事务误操作但未造成不良影响或经济损失。

（5）未按规定办理储值票发售、退卡、换卡和单程票退票业务等。

5. 设备管理和操作方面

（1）在指定售检票设备上误操作，输入资料不完整或错误。

（2）票务人员未按规定巡站检查车站终端设备及其他票务设备工况。

（3）车站终端设备及其他票务设备故障、损坏后未及时报障，或维修完成后未及时销障。

（4）未按规定交接、保管、使用票务钥匙或其他物品等。

6. 其他方面

（1）站务员私自做小账。

（2）由于人为原因，结算时发生错误而造成备用金或票款差异。

（3）未遵守票务室、客服中心人员进出的有关规定。
（4）票务相关人员违章指挥。
（5）票务人员未及时汇总、分析、上报、回复车站票务运作中存在的问题。
（6）未按规定执行双人操作和双人确认。
（7）丢失银行现金收讫回单、未及时上报和跟进等。

三、票务违章处理

1. 处理原则

票务违章处理遵循以下 4 个原则：

（1）"四不放过"原则。即：违章原因分析不清不放过，责任者和员工没有受到教育不放过，没有制定防范措施不放过，责任者没有受到处理不放过。

（2）实事求是原则。票务差错处理以规章制度为准绳，以事实为依据，客观、公正处理。

（3）逐级考核、落实到人原则。实行层级管理，依据考核指标及办法，由部门考核到班组，再由班组考核到人。

（4）有责赔偿原则。有责赔偿是指因票务差错造成企业经济损失，应由责任人进行赔偿。

2. 票务违章处理

票务违章原则上由当事部门负责，根据部门考核细则对当事人进行考核。各个部门在日常工作、检查中发现的票务违章情况，应根据部门内部的相关管理规定进行定性，制定整改措施并落实，每月度汇总相关情况及整改落实情况报备至调度指挥中心。

凡发生票务违章的责任人，城市轨道交通运营企业将给予经济处罚，并视其情节轻重，行政上予以警告、记过、记大过、降级、留用察看、解除劳动合同等处分。

知识库 2　票务事件及处理

一、票务事件的概念及定性原则

1. 票务事件的概念

票务事件，也称票务事故，是指运营企业在票务运作过程中，员工违反票务政策、管理规章制度、设备操作规范、作业流程或由于设备技术状态不良等其他原因给票务工作造成较大影响或损失，其行为是当事人主观故意，目的是获取个人或集体利益，从而造成企业票务收益损失或严重危及票务收益安全的行为或操作。

2. 票务事件定性原则

票务事件定性原则有三条：一是给票务工作造成较大影响或损失；二是其行为是当事人主观故意；三是该行为以获取个人或集体利益为目的。

二、票务事件的表现

根据票务事件所导致的直接或间接损失大小，或由此造成对票务收益安全的危害程度，或当事人的行为动机，分成不同等级，由高至低分为一类至四类票务事件，或由高至低分为四类至一类票务事件。以南昌地铁为例，其分类如下：

1. 一类票务事件

（1）任何蓄意导致公司票务收益流失或侵占公司票务收益的行为。

（2）员工利用职务便利擅自用设备进行涉及现金的交易或擅自修改、删除票务及交易相关数据等方面的操作。

（3）不论是否造成公司财产收益流失的任何舞弊行为。

（4）因违规操作 AFC 设备或设备技术状态不良造成票务收益流失或损失，合计价值 10 000 元以上。

（5）丢失价值 10 000 元以上的票务备品。

（6）丢失车票、现金，涉及金额 10 000 元以上的。

（7）一次丢失 10 张及以上的 AFC 系统密钥卡。

（8）违规制作、使用 AFC 系统正式密钥卡。

（9）车票的注销及销毁出错，涉及金额 10 000 元以上。

（10）编码、配票、发售、回收车票信息出错（预赋值票除外），且由主观原因造成乘客投诉 20 起及以上。

2. 二类票务事件

（1）伪造账目、报表或用其他虚假行为填平账目、违规收取票款的行为。

（2）在未经结算部门同意的情况下，采取任何手段，达到核对实收和应收目的的行为。

（3）因违规操作 AFC 设备或设备技术状态不良造成票务收益流失或损失，合计价值 5 000 元以上、10 000 元以下（含 10 000 元）。

（4）丢失价值 1 000 元以上、10 000 元及以下（含 10 000 元）的票务备品。

（5）一次丢失 5 张及以上、10 张以下（不含 10 张）的 AFC 系统正式密钥卡。

（6）利用 AFC 终端设备违规操作，引起数据混乱、丢失的。

（7）使用或盗用他人密码在 AFC 设备上进行涉及现金的交易或擅自修改、删除票务及系统数据等方面的操作。

（8）违规发放车票并恶意重复使用的情况。

（9）丢失车票、现金，涉及金额 1 000 元以上、10 000 元及以下（含 10 000 元）。

（10）车票的注销及销毁出错，涉及金额 1 000 元以上、10 000 元及以下的。

（11）未经批准注销或销毁车票。

（12）私自配备 AFC 设备钥匙。

（13）违规将现金或车票等有价证券转移出安全区域或占有的行为。

（14）编码、配票、发售、回收车票信息出错（预赋值票除外），且由主观原因造成乘客投诉 10 起及以上。

（15）违反票务管理制度擅自挪用各类车票。

3. 三类票务事件

（1）因违规操作 AFC 设备或设备技术状态不良造成票务收益流失或损失，合计价值 1 000 元以上、5 000 元以下（含 5 000 元）。

（2）没有按规定要求修改、设置或下发 AFC 系统参数，给票务工作造成较大影响的。

（3）丢失价值 500 元以上、1 000 元及以下（含 1 000 元）的票务备品。

（4）一次丢失 3 张及以上、5 张以下（不含 5 张）的 AFC 系统正式密钥卡。

（5）打开自动售票机维修门操作未登陆操作员编号。

（6）丢失车票、现金，涉及金额 500 元以上、1 000 元及以下（含 1 000 元）。

（7）车票的注销及销毁出错，涉及金额 500 元以上、1 000 元及以下（含 1 000 元）。

（8）制票人员错误操作，导致延误车票及时发行。

（9）工作中违反相关规定，导致系统数据或监控录像等重要取证资料缺失或不全，影响一、二类事件嫌疑的调查取证。

（10）编码、配票、发售、回收车票信息出错（预赋值票除外），且由主观原因造成乘客投诉 5 起及以上。

（11）采取不正当的手段，填平车票、现金上的差额。

4. 四类票务事件

（1）丢失自动售票机维修门钥匙、钱箱钥匙、补币箱钥匙、保险箱钥匙等涉及票务收益安全的钥匙。

（2）因违规操作 AFC 设备或设备技术状态不良造成票务收益流失或损失，合计价值 200 元以上、1 000 元以下（含 1 000 元）。

（3）丢失价值 50 元以上、500 元及以下（含 500 元）的票务备品。

（4）进入客服中心，违规使用票务设备。

（5）一次丢失 3 张以下（不含 3 张）AFC 系统正式密钥卡。

（6）未按规定发放车票，造成错误发放、遗漏回收的情况。

（7）丢失车票、现金，涉及金额 50 元以上、500 元及以下（含 500 元）的。

（8）车票的注销及销毁出错，涉及金额 50 元以上、500 元及以下（含 500 元）。

三、票务事件处理

不同城市轨道交通运营企业对票务事件的处理不同，一般而言，同一票务事件的情节涉及两条或以上的票务事件条款时，以事件情节最严重或危害最大的事件条款来进行定性和处理。以南昌地铁为例，其处理如下：

一类票务事故：给予当事人解除劳动合同，在公司范围内通报，并由其承担全部或部分经济损失。情节严重并触犯法律的，移交司法机关依法处理。

二类票务事故：总部视情节轻重给予当事人记过、记大过或留用察看处理，在公司范围内通报，扣发当月绩效工资，并由其承担全部或部分经济损失。

三类票务事故：给予当事人部门诫勉，扣发当月绩效工资 70%，并由其承担全部或部分经济损失。

四类票务事故：给予当事人部门通报，扣发当月绩效工资 50%，并由其承担全部或部分经济损失。

【任务实施】

分组讨论案例中票务违章与票务事件情形，在实际工作中规范操作，减少不必要的差错，确保票务收益安全。

案例 1：某市地铁运营过程中，站务员甲下班后直接在客服中心将当班期间所收票款及剩余票卡、备用金等进行清点，清点完成后在相关台账上登记，随后拿到票务室。在票务室，只有客运值班员乙一人在场，在监控已坏的情况下客运值班员乙仔细清点了一下，发现与站务员的台账记录不相符，存在较大出入，于是直接在台账上把原先的数据涂改。票款清点后，乙让甲把钱直接送到银行存入企业专用账户。

案例2： 某日晚22：45，地铁某站客运值班员甲和站务员乙在票务室清点硬币钱箱。在清点一个钱箱过程中发生洒币，捡起来后重新清点发现：1元硬币数为960，比系统数据数962少了2个，客运值班员甲便从保险柜中取出2元纸币，让站务员乙到客服中心换硬币回来。22：56，站务员乙把换回来的2元硬币交给客运值班员甲，甲便把该2元硬币放入点币机内继续清点，并按照点币机最终数962来读数和录入系统。之后客运值班员甲一直忙于其他工作，直到次日早上7：30在整理票款与备用金时发现短款2元，才想起昨晚洒币的2元还未找到，于是在票务室再次查找。在寻找未果的情形下，客运值班员甲从自己更衣柜取出2元先补回短款，事后也没有报告值班站长及作备注。

案例3： 某日某站值班站长到客服中心对站务员进行封窗查账。双方多次清点复核，确认封窗时的实点金额比系统记录少。站务员意识到自己短款，于是询问值班站长，值班站长没有回答，提醒站务员认真做好本职工作，随后离开客服中心到车控室，通过SC数据算出该站务员短款20元，如实记录在相关报表上。随后客运值班员给站务员结账，并将结果报告给值班站长。值班站长核算后发现只短款6元，于是问站务员是否有私自补交短款情况。站务员如实坦白了情况：意识到自己失误后，将随身携带的3元私款放入票款中，再用收取单程票超程费但不进行更新操作、开放边门放行乘客的方法增加补款金额。

【任务评价】

评价方法：以小组为单位进行评价，评价主体为教师和学生，教师评价占60%，小组自评占20%，组间互评占20%，见表6-8。

表6-8 任务评价

序号	评价标准	分数	评分记录		
			小组自评	组间互评	教师评价
1	小组成员的参与情况	10			
2	案例中不当之处是否全面	40			
3	改进措施是否准确	40			
4	任务提交的及时性	10			

【巩固与练习】

判断题

1. 票务工作中违反票务政策、票务规章制度、设备操作规范、标准化作业流程，尚未构成票务事故的行为与操作，均认定为票务违章。（   ）
2. 票务违章根据运营企业规定，视情况酌情处理。（   ）
3. "四不放过"原则不适用于票务事件的处理。（   ）
4. 票务事件当事人的行为是非主观故意。（   ）
5. 运营企业范围内的票务违章参照相关规定进行分类定性，各运营单位可结合本单位设备和系统等情况细化。（   ）

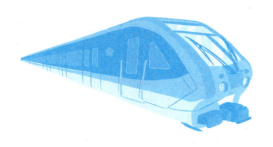

项目 7

城市轨道交通计算机系统认知

项目导读

城市轨道交通计算机系统是自动售检票系统的重要组成部分,分为车站计算机系统和线路中央计算机系统。通过车站计算机系统,可对本车站内部的所有设备进行实时监控,实现对车站自动售检票系统运营、票务、收益及维修的集中管理功能。通过线路中央计算机系统,可对线路系统中所有设备进行监视的同时,对系统的全部数据进行收集、处理,并对运营、票务、财务、维修进行集中管理。

项目结构图

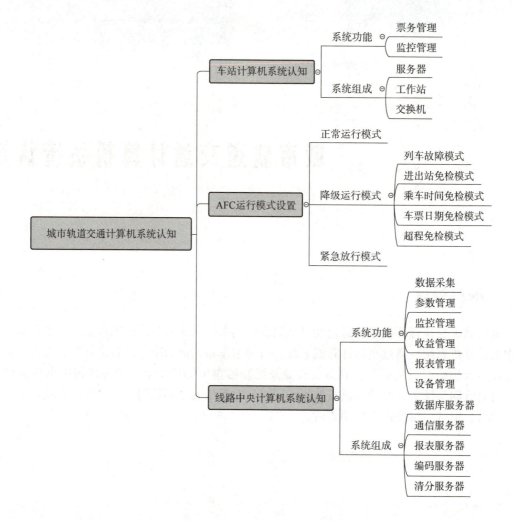

任务 1　车站计算机系统认知与 AFC 运行模式设置

【任务目标】

1. 知识目标

（1）熟悉车站计算机系统的功能与设备组成。
（2）掌握降级运行模式的设置及具体类型。

2. 能力目标

（1）能完整概括车站计算机系统的功能。
（2）能正确处理降级运行模式下乘客的票务事务。

3. 思政与素养目标

（1）培养学生的逻辑思维能力和临场应变能力。

（2）培育学生遵章守纪、热爱劳动和全心为乘客服务的职业品质。

【任务描述】

填写车站计算机系统票务管理菜单。

【任务知识库】

知识库1　车站计算机系统功能与组成

城市轨道交通车站计算机系统（Station Computer，SC）一般设置在车站控制室及票务室，由服务器、工作站、网络设备、车站紧急按钮和各种终端设备等构成。车站计算机系统是线路中央计算机系统与各个车站终端设备连接的重要管理节点，通过车站计算机系统可以观察所有连接到该系统的终端设备实时运行情况，并可直接进行参数设置。

视频　车站计算机系统

一、车站计算机系统功能

车站计算机系统为自动售检票系统的重要组成部分，也是车站自动售检票系统的核心组成部分，可对本车站内部的所有设备进行实时监控，实现对车站自动售检票系统运营、票务、收益及维修的集中管理功能，如图7-1所示。

图7-1　车站计算机系统

1. 总体功能

从城市轨道交通自动售检票系统角度，车站计算机系统总体上具有以下主要功能：

（1）负责采集和储存车站终端设备的车票交易数据、寄存器数据、状态数据、收益管理数据及维护管理数据等，并上传给线路中央计算机系统。

（2）接收和储存线路中央计算机系统下达的系统运行参数和控制指令，并下传至车站终端设备。

（3）实时监控车站自动售检票系统设备（包括车站计算机、终端设备）和网络运行情况，对本车站的客流、车票和现金收益统一管理，并进行报表统计分析、相关业务查询和报表打印。

（4）负责车站级系统参数的维护和系统运行模式的控制。紧急情况下，可按下紧急按钮或通过操作车站计算机系统启动紧急放行模式,控制车站所有进、出闸机的阻挡装置,便于乘客快速疏散。

2. 应用功能

从实际应用角度,车站计算机系统主要有票务管理和监控管理两大功能。

1)票务管理功能

票务管理功能主要体现在:配置票务系统的系统参数;完成车站票、款的管理,完成与线路中央计算机系统票、款管理的接口;完成对售票员结算、设备收益统计、车站收益统计的管理;定时生成车站收益报表及查询车站报表等。

车站工作人员使用票务管理终端完成每日车站票务运作过程中票卡、现金等变化情况的记账和核算工作,包括车站票卡和现金库存管理、车站营收日报编制、票务员结算单编制及设备票款差异统计等,如图7-2所示。

图7-2 车站计算机系统票务管理功能

主要模块如下:

(1)车票配发调度管理。该模块主要功能是对某车站车票配发、调度进行管理,包括配发车票、上交车票、车票调入、车票调出及客运值班员交接班。

(2)票款管理。该模块主要功能是对票款的管理,包括银行配备用金、现金解行、上日实际解行、零钞申请、免费客流登记、票务员配票款、票务员预收款、票务员下班上交票款、短款补款登记、异常票款变动登记及车站自动售检票设备、钱箱、票箱操作等。

(3)车站结算。该模块主要功能是根据录入数据自动生成车站各类结算报表,如票务员结算单、设备票款差异日报、设备车票差异日报、车站营收日报、车站售存票日报等,对相关报表数据只能查询不能直接做修改。

2)监控管理功能

监控管理功能主要体现在:完成车站终端设备数据采集及采集过程中异常的处理,并将数据上传至线路中央计算机系统;完成对车站终端设备的监视与控制,监视包括状态监视和客流监视，同时下发运行模式给车站终端设备。

车站计算机系统能实时监控本站自动售检票设备的运行状态和故障信息，并模拟车站设备布置位置，以图形化的形式监控车站各种设备的通信状态、运行状态及故障情况，在车站设备状态发生变化时能立刻自动接收其状态数据。具体说来，主要有监控管理主界面、设备管理、设备交易、统计查询和收益管理等。

监控管理主界面监视车站终端设备状态、交易数据、审计数据及线路中央计算机系统参数；设备管理从设备接收状态和事件，显示相应状态和事件到界面，告诉用户当前设备的状态，并给设备发送命令，进而控制设备。工作人员通过选择设备组、设备代码或者交易类型，浏览各类设备的各种类型交易，其交易数据可以打印输出，以方便存档。工作人员通过查看闸机进出站、自动售票机单程票发售统计数据及每小时客流分布图进行分析。工作人员在结束本次班次时，班次数据生成并上传到车站计算机系统，班次报告记录了本班次所有类型交易数量及金额统计数据。

二、车站计算机系统组成

1. 系统架构

车站计算机系统设备主要由 SC 服务器、SC 工作站和交换机等组成，可监控车站终端设备的运行状态、控制设备、监控客流、下达运行模式和系统参数指令，其架构如图 7-3 所示。

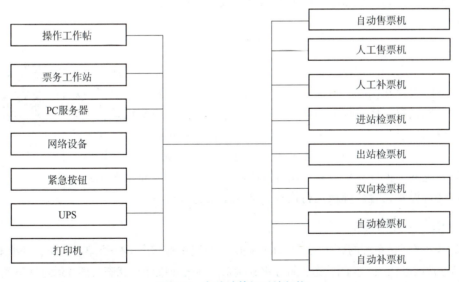

图 7-3 车站计算机系统架构

车站计算机系统连接多个非接触卡设备、操作控制管理系统、线路中央计算机、清分系统以及打印机等设备，可控制非接触卡设备和产生设备事件的报告，打印每天的总计报表，格式化非接触卡的用户数据，为线路中央计算机和总部中心计算机审计交易记录，格式化单程票交易数据，从操作控制管理系统、线路中央计算机和清分中心中接收配置数据、设备配置和设备应用程序。

2. 设备组成

车站计算机系统设备主要由 SC 服务器、SC 工作站和交换机等组成，如图 7-4 所示。

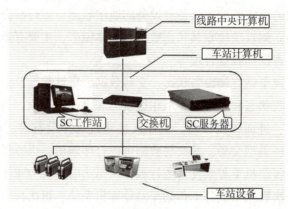

图 7-4 车站计算机系统设备构成

三、车站计算机系统操作管理

车站计算机系统操作管理由当班值班站长、行车值班员负责，正常情况下，车站计算机系统应全日开启。在运营开始前，由值班站长负责在系统登录后确认站级设备是否开启，同时由巡站人员现场确认站级设备是否处于正常服务模式。在运营过程中，由行车值班员实时监测车站各种设备的状态，当设备出现故障或报警状态，给出报警信息后，行车值班员应及时确认报警设备号和报警原因，根据不同原因安排工作人员处理。

知识库 2　AFC 运行模式设置

自动售检票系统运行模式指针对车站不同的运营状态、条件所做出的相应操作行为的选择和实施，包括正常运行模式、降级运行模式以及紧急放行模式三种，模式执行优先权由高到低依次为紧急放行模式、降级运行模式和正常运行模式。正常情况下，自动售检票设备都是在正常运行模式下运行的。当在运营过程中出现列车故障、火灾、电力供应中断等意外故障时，自动售检票系统的中央计算机或者车站计算机可以下达指令，将某车站或全线所有车站终端设备设置成降级运行模式，甚至是紧急放行模式。

视频　AFC 运行模式

一、正常运行模式

正常运行模式是系统的默认模式，该模式用于处理正常状态下的售票、检票、补票等操作，主要包括正常服务状态、关闭状态、暂停服务状态、测试（维修）状态及离线运行状态等。

1. 正常服务状态、关闭状态和暂停服务状态

每日运营开始前，自动售检票系统可根据时间表设置，自动将各车站终端设备设置为正常服务状态。每日运营结束后，系统同样按顺序关闭终端设备，将其设置为关闭状态。此外，车站行车值班员也可以通过车站计算机将车站所有终端设备设置为正常服务状态或关闭状态。

当车站终端设备维护门未关闭好，或由于需要更换票箱、钱箱等需要打开维护门时，该设备自动进入暂停服务状态。在此状态下，车站终端设备不会对车票做出任何处理。

2. 测试（维修）状态

通过车站计算机系统，车站行车值班员可将车站终端设备设置为测试或维修状态，以方便工作人员对设备进行测试或维修。在此状态下，车站终端设备不能进行车票及现金处理，但在特定命令下可以使用测试票。车站终端设备的乘客显示屏或状态显示器会显示"暂停服务"及维修信息。

3. 离线运行状态

正常情况下，车站终端设备能在本机上自动保存相关运行数据，并由车站计算机系统定期更新。当车站终端设备与车站计算机之间、车站计算机和中央计算机之间网络通信中断或无网络连接时，设备可在离线下运行。

在离线运行状态下，车站终端设备应能保存不少于 7 天的运行数据，车站计算机应能保存不少于 30 天的业务数据，中央计算机应能保存不少于 6 个月的业务数据。当网络恢复正常时，可自动检测未上传或未下载的相关数据，并自动上传或下载相关数据。

二、降级运行模式

降级是指针对列车故障等不同情形所做出的相应操作行为的选择和实施，降级运行模式属于非正常运行模式，包括列车故障模式、进出站免检模式、乘车时间免检模式、车票日期免检模式和超程免检模式等，如图 7-5 所示。

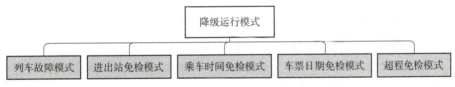

图 7-5 降级运行模式类型

1. 降级运行模式设置原则

（1）列车故障模式：城市轨道交通列车发生运营故障，需在某站进行清客时；列车晚点，要求退票的乘客达到一定人数时。

（2）进出站免检模式：车站的进出站闸机全部故障且无法立即修复或车站出现大客流集中进出站时。

（3）乘车时间免检模式：由于列车晚点延误或时钟错误等城市轨道交通运营企业原因导致乘客所持车票超时。

（4）车票日期免检模式：由于城市轨道交通运营企业原因导致乘客所持车票过期时。

（5）超程免检模式：车站在接到行车调度员有关"列车越站"通知时。

（6）紧急放行模式：车站出现危及乘客及工作人员生命安全、需要及时疏散乘客出站的紧急情况时。

2. 降级运行模式设置

降级运行模式的设置可通过中央计算机系统设置，也可通过车站计算机系统将车站 AFC 终端设备设置为相应的降级模式。通常情形下，车站计算机系统设置优先。

3. 降级运行模式下票务事务处理

1) 列车故障模式

（1）设置时机。车站不能正常运营，临时封闭；双方向无车，需采取疏散处理措施；

双方向列车同时在站出现故障，不能继续运行。

（2）设备表现。车站所有售票类设备暂停服务，不再售票；进站闸机暂停服务，闸门关闭；出站闸机处于开启状态，乘客出站不扣费。

（3）票务处理。在列车故障模式下，已购票进站的乘客和列车清客后的乘客，乘客可持票通过出站闸机出站。手持单程票乘客，车票不回收；手持储值票及其他车票乘客，车票不扣费或不扣乘次。故障模式结束后，对于乘客留存的单程票，若继续选择使用，则可在一定时间内继续使用，重新通过闸机进站。对于不愿意继续使用的乘客来说，可在规定时间内到客服中心办理退票，储值票则免费更新。

视频 降级运行模式下乘客票务事务处理

2）进站免检模式

（1）设置时机。售票类全部故障，无法发售车票；进站闸机全部故障；突发大客流，乘客集中进站，检票能力严重不足，危及乘客安全。

（2）票务处理。进站闸机不对车票进行处理，出站闸机正常扣费。

3）出站免检模式

（1）设置时机。出站闸机全部故障；突发大客流，乘客集中出站，检票能力严重不足，危及乘客安全。

（2）票务处理。进站闸机正常处理车票，出站闸机闸门开启，不对车票进行处理。

4）进出站均免检模式

当车站的进出闸机全部故障无法立即修复，或由于车站出现突发大客流、进出站闸机能力不足、大量乘客聚集并等候进站或出站的情况下，进出站闸机扇门不阻挡，允许乘客不通过闸机进出站。此模式下对车票处理如下：

（1）设置了此模式的进出站闸机开放，不检验任何车票，乘客直接进站或出站。

（2）对无进站信息的车票在本站出站时，对于储值票，系统均认定该车票由指定车站进站，出站闸机根据票务规定自动扣费；对于单程票，系统会检查购票车站，并依据规定扣费，超程则需补交票款。

（3）若全线有2个及以上的车站均设置为进出站免检模式，则对所有无进站信息车票都不检查进出站次序。出站时，储值票按最低车费扣费；单程票不检查车票余额，直接回收；计次票只扣一个乘次。

5）乘车时间免检模式

（1）设置时机。由于列车晚点导致乘客超时滞留、系统时钟同步出现故障及城市轨道交通运营企业其他原因导致乘客持有的车票过期，乘客无法正常进出站。

（2）票务处理。进出站闸机正常检票，但不对车票的时间进行有效性检验。

6）车票日期免检模式

（1）设置时机。由于系统时钟同步出现故障、需对某一批次过期或即将过期的车票做应急延期处理及城市轨道交通运营企业其他原因导致乘客持有的车票过期，乘客无法正常进出站，应及时设置日期免检模式。

（2）票务处理。进出站闸机正常检票，但不对车票的日期进行有效性检验。

7）超程免检模式

（1）设置时机。由于多种原因导致列车跳停或特殊原因某站需要临时关闭，就会出现列车越站情形。此时，需将越站、停站的第一个车站设置为超程免检模式。

（2）票务处理。出站闸机不检查车票票值，单程票直接回收，储值票按最低车费扣费。

三、紧急放行模式

在运营过程中，当车站发生地震、火灾、爆炸等危及乘客生命安全、需及时疏散乘客出站的紧急情况时，车站值班员或值班站长可通过中央计算机系统、车站计算机或车站控制室内的紧急按钮等多种方式将车站终端设备设置为"紧急放行模式"。

在此模式下，车站内所有售票类设备停止售票充值业务，自动售票机处于暂停服务状态，半自动售票机可正常运作，但操作员显示屏显示紧急状态信息，所有出站检票机将不对车票进行处理，同时扇门全部打开，乘客不需要使用车票，可直接快速离开车站；所有进站检票机方向指示器闪烁显示"禁止通行"标志，所有出站检票机方向指示器闪烁显示"通行"标志。

储值票等在设置紧急放行模式期间，在该车站出站的所有车票，在下一次进站时进站闸机将自动更新车票的进站标记，且不收取任何费用。单程票在设置紧急模式期间，在该车站购买的单程票（进入紧急放行模式前购买的）能在所有车站使用，可乘坐与车票票值相符的路程。

【任务实施】

（1）查阅资料，填写车站计算机系统票务管理菜单，完成表 7-1 所列表格内容。

表 7-1 SC 票务管理系统菜单

序号	菜单名称	功能	对应报表
1			
2			
3			
4			
5			

【任务评价】

评价方法：以小组为单位进行评价，评价主体为教师和学生，教师评价占 60%，小组自评占 20%，组间互评占 20%，见表 7-2。

表 7-2 任务评价

序号	评价标准	分数	评分记录		
			小组自评	组间互评	教师评价
1	小组成员的参与情况	10			
2	菜单名称的完整性	20			
3	功能描述的全面性	30			
4	对应报表的准确性	30			
5	任务提交的及时性	10			

【巩固与练习】

一、选择题

1. SC 除票务管理外，还具有（   ）功能。
   A. 收益管理　　　　B. 报表管理　　　　C. 设备管理　　　　D. 监控管理
2. 下列关于 SC 的描述不正确的是（   ）。
   A. SC 负责车站级系统参数维护和系统运作模式控制
   B. SC 监控与管理线路 AFC 的运营及各种业务报表的处理
   C. SC 接收 LC 上传的 AFC 设备的各类交易数据
   D. SC 接收来自 LC 的指令及参数传达给 AFC 设备
3. 监控管理功能主要体现在（   ）。
   A. 下发运营管理模式给站内 AFC 终端设备
   B. 完成对设备的收益统计
   C. 对车站收益统计的管理
   D. 配置票务系统的系统参数
4. 车站计算机系统设备组成不包括（   ）。
   A. SC 服务器　　　　　　　　　　　　B. SC 工作站
   C. 交换机　　　　　　　　　　　　　D. 编码分拣机
5. 下列不属于 SC 车站结算功能的是（   ）。
   A. 站务员日营收结算单　　　　　　　B. 退款记录表
   C. 乘客票务事务处理单　　　　　　　D. 钱箱清点报告

二、判断题

1. SC 监控管理功能能实时监控车站自动售检票设备运行状态和故障信息。（   ）
2. SC 设备日常巡视在运行时间主要靠表象观察其运行状态。（   ）
3. 车站计算机系统主要有票务管理和监控管理两大功能。（   ）
4. 车站计算机系统是车站 AFC 的核心部分。（   ）
5. 在车站 AFC 运行模式中，正常运行模式具有最高的执行优先权。（   ）

三、简答题

1. 简述车站计算机系统功能。
2. 简述降级运行模式的概念及表现形式。

任务 2　线路中央计算机系统认知

【任务目标】

1. 知识目标

（1）熟悉线路中央计算机系统的功能。
（2）了解线路中央计算机系统的设备组成。

2. 能力目标

（1）能准确概括线路中央计算机系统的功能。

（2）能比较分析车站计算机系统的功能和线路中央计算机系统的功能。

3. 素质目标

（1）培养学生的比较分析能力和创新性思维。

（2）培育学生攻坚克难、探求真理和开拓创新的职业品质。

【任务知识库】

知识库1　线路中央计算机系统功能与组成

线路中央计算机系统，也称为线路中心计算机系统（Line Center Computer，LCC 或 LC），为线路 AFC 系统的核心部分，在对线路系统中所有设备进行监视的同时，对系统的全部数据进行收集、处理，对运营、票务、财务和维修进行集中管理。

一、线路中央计算机系统功能

线路中央计算机系统位于车站计算系统与清分系统之间，是自动售检票系统的重要组成部分，是线路自动售检票系统的核心组成部分、运营管理中心和票务交易数据存储管理和分析中心。一般而言，每条城市轨道交通线路都会设置一套线路中央计算机系统。

视频　线路中央计算机系统

1. 总体功能

从城市轨道交通自动售检票系统角度，线路中央计算机系统总体上具有以下主要功能：

（1）接收车站计算机系统上传的各类交易和管理数据，并按照票务清分系统的要求上传。

（2）接收票务清分系统下发的运营参数并下发至车站计算机系统。

（3）监控和管理线路自动售检票系统设备的运行和各种业务报表的处理。

（4）负责系统运行模式的控制。紧急情况下，可通过操作线路中央计算机系统启动紧急放行模式，控制车站所有进、出闸机的阻挡装置，便于乘客快速疏散。

2. 应用功能

从实际应用角度，线路中央计算机系统主要功能如下：

1）数据采集功能

该功能负责采集车站计算机系统数据，保证数据的完整性、准确性、有效性、连续性以及进行数据安全传输。

2）参数管理功能

AFC 系统中的参数管理至关重要，直接影响各终端设备对乘客提供服务。包括：系统操作日志生成，设备软件升级，运营日开始/结束程序和数据清理，用户管理，系统管理信息审计、时钟同步、备份、数据自动清理和数据库档案归档等。

3）监控管理功能

该功能的用来获取监控点的信息，向监控点发送指令，并提供设备监控、客流统计监控信息和系统模式切换功能。

4）收益管理功能

该功能的主要目的是进行现金核算，非即时退款申请、退款及换票，收益核算，收益统计和收益对账。

5）报表管理功能

基于数据采集功能收集到的设备使用数据和其他配置数据，生成有关的报告，并提供决策支持。

6）设备管理功能

提供 AFC 设备基本信息数据库及 AFC 设备的增加、删除、维护功能。

二、线路中央计算机系统组成

1. 系统架构

中央计算机系统设备主要由服务器、工作站和各种网络设备等组成，与车站计算机系统进行通信可收集全线交易数据和设备运行状态信息，并进行财务和客流统计，其架构如图 7-6 所示。

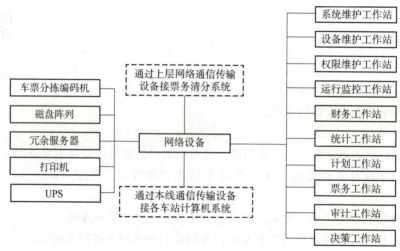

图 7-6 线路中央计算机系统架构

2. 设备组成

线路中央计算机系统设备主要由数据库服务器、通信服务器、报表服务器、编码服务器和清分服务器等组成。

1）数据库服务器

数据库服务器是整个线路中央计算机系统的核心设备，负责系统的运营管理、收益管理、维修管理、维修管理、数据管理、参数管理、安全管理和数据存储等。

2）通信服务器

通信服务器主要负责与各车站计算机系统的数据交互。一方面，通信服务器接收由车站计算机系统上传的交易数据和各类指令反馈数据，然后再发送给数据库服务器进行处理；另一方面，通信服务器接收数据库服务器对各车站计算机系统下达的各类指令和参数。

3）报表服务器

报表服务器安装报表生成功能模块和报表计算规则定义模块，可以生成日报表、周报表、月报表、季度报表、年度报表和用户自定义的时间段报表等。

4）编码服务器

编码服务器置于制票中心，实现对编码分拣机的监控以及全线路车票发行的管理。

5）清分服务器

清分服务器主要用于线路中央计算机系统与清分中心之间数据的存储及处理。

【巩固与练习】

一、选择题

1. 线路中央计算机系统的收益管理功能是针对（　　）。
   A. 车站　　　　　　B. 整条线路　　　　C. 线网　　　　　　D. 所有车站
2. 线路中央计算机系统的简称是（　　）。
   A. SC　　　　　　　B. LC　　　　　　　C. ACC　　　　　　D. OCC
3. 编码服务器实现全线路车票发行的管理和对（　　）。
   A. 打印机的监控　　　　　　　　　　　B. 交换机的监控
   C. 转换器的监控　　　　　　　　　　　D. 编码分拣机的监控
4. 线路中央计算机系统功能不包括（　　）。
   A. 数据采集功能、报表管理功能　　　　B. 参数管理功能、设备管理功能
   C. 监控管理功能、收益管理功能　　　　D. 车站系统管理功能、票务管理功能

二、判断题

1. 通信服务器主要负责与各条线路 AFC 系统的数据交互。（　　）
2. 编码服务器一般放置于制票中心。（　　）
3. 数据库服务器负责整个 AFC 的运营管理、收益管理、维修管理、数据管理、参数管理、安全管理和数据存储等功能。（　　）
4. 线路中央计算机系统用于监控与管理车站自动售检票系统的运营和各种业务报表处理。（　　）

三、简答题

概述线路中央计算机系统功能。

项目 8

城市轨道交通清分认知

项目导读

城市轨道交通清分系统位于自动售检票系统最上层,主要负责统计城市轨道交通自动售检票系统内部的各种运行参数,收集城市轨道交通自动售检票系统产生的交易和审计数据,代表城市轨道交通与其他交通方式进行清分和对账,并对线路自动售检票系统进行运营管理。城市轨道交通清分模型由清分主体、清分规则及清分比例组成,乘客出行路径受乘客自身因素、乘客出行特征因素、城市轨道交通网络因素和城市轨道交通运营企业管理因素等的影响。

项目结构图

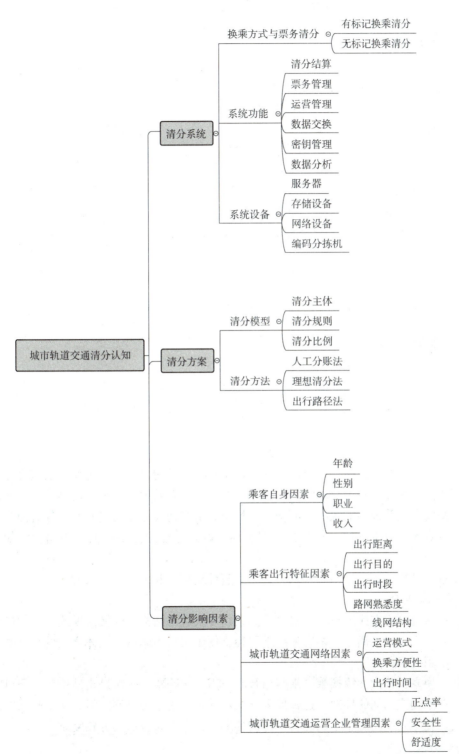

任务1 城市轨道交通清分认知

【任务目标】

1. 知识目标
（1）掌握城市轨道交通清分系统的概念及功能。
（2）了解城市轨道交通清分模型及组成。

2. 能力目标
（1）能准确概括清分系统的功能。
（2）能根据最短路径方法核算各清分主体的收益。

3. 思政与素养目标
（1）培养学生的知识应用能力和自主学习能力。
（2）培育学生积极进取、追求真理和知行合一的职业品质。

【任务描述】

根据所给条件，选择最佳出行路径。

【任务知识库】

知识库1 城市轨道交通清分系统

一、换乘方式与票务清分

1. 换乘方式

随着城市轨道交通网络化运营的发展，对票务收益的清分逐渐成为城市轨道交通运营企业的关注焦点。在城市轨道交通线网中，若乘客从某一车站换乘至另一车站所经过的路径是唯一的，则每段运营线路的收益是明确的。城市轨道交通线路交错呈网状，任意两个车站之间的换乘路径不具有唯一性，乘客会根据不同的因素考虑选择不同的换乘路径，如图8-1所示。

根据进出站检票情况，乘客换乘方式分为有标记换乘和无标记换乘两种。

1）有标记换乘

有标记换乘是指在换乘时，需要多次购票、多次进出站检票的换乘模式。这种换乘方式对乘客不便，但可以准确记录乘客的换乘路径，便于实现不同运营主体之间的独立收费。

2）无标记换乘

无标记换乘又称为无缝换乘，乘客出行时只需一次购票、一次进出站检票，便可实现直接、连续在不同线路间的换乘。这种换乘方式对乘客来说极为方便，但无法知晓乘客准确的乘车路径。在不同线路属于不同运营主体的情形下，票务收益的清分较复杂。

2. 票务清分

清分，也称清算，是指把服务接受者（包括乘客、票卡等运营对象和收益，是利益的

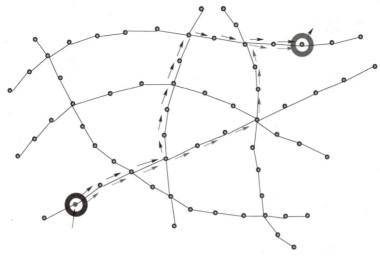

图 8-1 乘客多样化换乘路径

贡献者）所上缴的全部收益，按照各服务提供者（包括车、站、线、运营分部等运营实体，是利益的分配者）的贡献进行有效的利益分配，即依据一定规则将交易金额、费用在不同的相关实体间进行分配。城市轨道交通清分的实质就是依据一定的规则，计算并分配轨道交通线网中各运营主体的贡献。在城市轨道交通网络化运营情形下，所有网络内运营线路间实现"一票换乘"，实现在各线路间的票务清分结算。

票务清分的目的是依据清分规则，对票务收益进行清分，使各城市轨道交通运营企业的收益能及时入账，提高资金使用效率。通过清分，可以充分、客观地反映城市轨道交通路网的客流情况。换乘方式不同，票务清分也不同。

1）有标记换乘的清分

在有标记换乘下，由于乘客在换乘时系统会记录乘客的进出站交易数据和换乘路径数据，故根据这些数据，清分系统能够精确地清分各线路的收益。

2）无标记换乘的清分

在无标记换乘下，乘客从进站到出站，可选择的路径多样化。由于路径的选择具有不确定性，故需要用不同的方法确定各运营企业的收益。

二、城市轨道交通清分系统

根据清分系统的应用情况，分为城市轨道交通清分系统和城市一卡通清分系统两类，如图 8-2 所示。

城市轨道交通清分系统，也称为路网中央计算机系统，主要负责统计城市轨道交通自动售检票系统内部的各种运行参数，收集城市轨道交通自动售检票系统产生的交易和审计数据，代表城市轨道交通与其他交通方式进行清分和对账。

城市一卡通清分系统一般通过路网中央计算机系统，与城市轨道交通自动售检票系统相连，主要负责收集一卡通产生的交易和审计数据，并依据相关规则进行清分和对账，实现线路与城市公共交通卡发行和管理部门的清分结算。

1. 城市轨道交通清分系统的概念

城市轨道交通清分中心计算机系统（AFC Clearing Center，ACC），简称城市轨道交通清

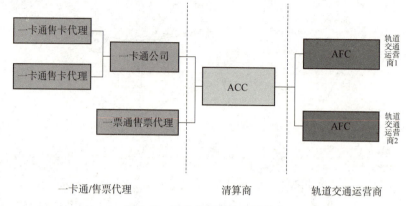

图 8-2　城市交通清分系统平台

分系统,是城市轨道交通自动售检票系统最上层的管理中心,是城市轨道交通线网各线路各类数据汇总处理的唯一中心,是 AFC 系统运行状态监控管理中心及系统各线路之间和对外统一的技术接口,支持多种智能支付卡系统的统一清算、统一 AFC 各层级设备参数和指令运作管理、统一管理全线网相关票务数据、统一制票赋值和票库管理。

视频　城市轨道交通清分系统

2. 城市轨道交通清分系统的功能

清分系统作为城市轨道交通自动售检票系统标准规范的制定者、解释者和推行者,票卡发行调配中心,数据中心,清分结算中心及对外的唯一接口,其功能主要体现在清分结算、票务管理、运营管理、数据交换、密钥管理和数据分析等方面,如图 8-3 所示。

图 8-3　城市轨道交通清分系统功能

1)清分结算

清分系统的核心功能是为城市轨道交通各线路提供清分结算服务,并代表城市轨道交通运营企业与一卡通等系统进行清分结算。清分结算的内容包括收益清分、账务统计、对账结算、押金管理和清分异议处理等。

2)票务管理

清分系统作为城市轨道交通系统专用车票的发行机构,统一定义、发行、管理专用车票。票务管理的具体内容包括车票类型定义、车票发行、车票初始化、车票预赋值、车票注销、车票分拣、车票调配及车票库存管理。

3)运营管理

运营管理功能主要体现在参数管理、运营模式管理等方面,具体包括客流统计与分析、设备管理、系统运营模式管理、票价制定、运营参数管理、时钟管理和黑名单管理等。

4)数据交换

交易数据是乘客使用专用票或非专用票时,由自动售检票系统设备所产生的数据,包括有值交易数据（如售票、进站、出站等）和无值交易数据（如在客服中心激活票卡、延长有效日期等），如图 8-4 所示。

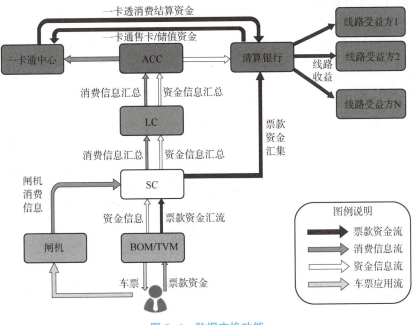

图 8-4　数据交换功能

5）密钥管理

密钥管理功能主要完成密钥系统生成、密钥下载，以保障交易安全，如图 8-5 所示。

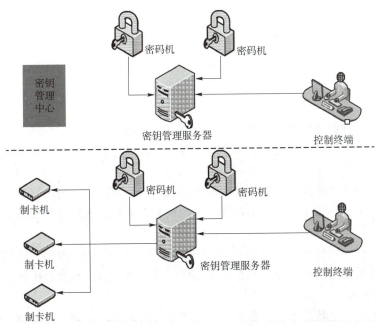

图 8-5　密钥管理功能

6）数据分析

清分系统具有交易数据查询、统计、分析、审查和核算功能，数据分析主要提供客流分析、收益分析及票务分析的功能。

3. 城市轨道交通清分系统的主要设备

与车站计算机系统、线路中央计算机系统设备相比，城市轨道交通清分系统设备也主要以数据库服务器为中心，通过其他服务器、操作工作站等发挥具体功能，如图8-6所示。

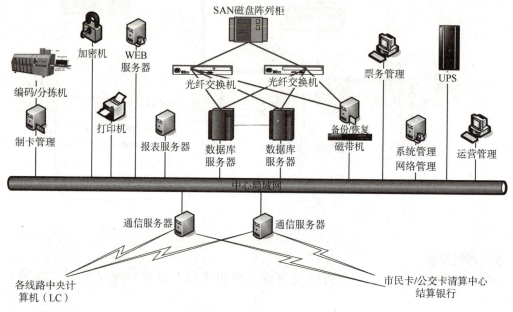

图8-6 城市轨道交通清分系统主要设备

1）服务器

服务器包括清分及线网运营服务器、历史数据及报表服务器、通信及数据交换服务器、网管服务器等，以集群方式运行。

2）存储设备

存储系统采用存储区域网络架构（Storage Area Network，SAN），包括存储光交换机、磁盘阵列、磁带库及移动存储设备和功能工作站。

3）网络设备

网络设备主要是交换机，包括清分核心网络交换机、清分通信网络交换机、灾备网络交换机、清分测试平台网络交换机、通信网络交换机和防火墙、入侵检测设备等。

4）编码分拣机

清分系统设有编码分拣机，具有对车票初始化、赋值、分拣、校验、注销等功能，编码分拣机车票处理模块包括控制器、车票传输部件、读写器、分票和堆叠机构、票箱等。

5）不间断电源

在不间断电源供电状态下，当蓄电池后备工作时间即将用完时，应能通知相关用电设备自动关机，以免突然断电造成设备损坏。可保证24 h连续正常运行，不间断为系统设备供电。

知识库2　城市轨道交通清分方案

在城市轨道交通售检票系统中，一个完整的交易过程是从乘客购票进站开始，到出站结束。若整个过程中涉及多个运营主体的多条线路，则需要对票务收益进行清分。在清分处理中，可以根据不同的方案进行清分。

一、清分模型

城市轨道交通票务清分是一项非常复杂的系统工程，需要运用统计学、会计学、运筹学、软件工程学等学科知识。在建立清分模型的过程中，需要解决收益分给谁、如何分、分多少等问题，这些问题组成了城市轨道交通清分模型的三大要素，即：清分主体、清分规则及清分比例。

视频　城市轨道交通清分模型

1. 清分主体

清分主体即为收益分配的主体，城市轨道交通的线网规划、运营管理模式等直接决定影响票务清分主体的选择，常见的清分主体有运营主体、线路主体、区域主体和发卡主体等四类。

1) 运营主体

运营主体即为城市轨道交通运营企业。当某个城市的轨道交通网络存在多家运营企业时，也就存在多个运营主体。虽然线路所属的运营主体不同，但线路间均采用无标记换乘。因此，城市轨道交通清分系统须按运营主体分别结算各自收益。

2) 线路主体

线路主体为某一条线路的所有者。该划分以线路为单位，累加该线上所有车站的收益贡献。从实际情况来看，运营主体以线路为单位进行清分，因而线路主体与运营主体为同一含义。

3) 区域主体

区域主体为线路某一组成的区域，即为路网中某组成部分的所有者。该划分以区域站为单位，累加区域内站所有车站的收益贡献。

4) 发卡主体

发卡主体为发行一卡通（储值票）或城市轨道交通专用票（单程票）的票卡发行商。票卡发行商承担城市轨道交通系统中使用的票卡的发行与管理，具有票卡所有权。为实现城市轨道交通与其他交通工具的无缝衔接，不同的发卡主体在同一清分系统中的消费能分别结算。

2. 清分规则

清分规则，也称清分原则，在"统一收费、按比例分成"的思路下，主要的清分规则如下。

（1）满足票价政策调整的需要。

（2）以影响清分的路网结构因素为主，结合乘客的社会经济因素、出行特征等其他因素确定。

（3）不同运营主体的利用分配应与其经济贡献相匹配。

（4）体现清分权重与线路一些重要属性的相关性，如路网结构、路径换乘方式等。

（5）体现清分权重与运营水平的相关性，如发车间隔、舒适度等。

（6）体现清分权重与影响乘客出行路径选择因素的相关性，如乘坐时间、换乘时间、换乘便利性与乘客偏好等。

3. 清分比例

在清分规则确定后，就可以找到每一对起讫点（OD）之间的有效路径，然后需进一步确定有效路径中每一个站点对该路径的贡献比例，即清分权重。通常情形下，清分权重可以采用以下几种方法确定。

1）路程权值法

在乘车路径确定以后，把构成该路径的相关线路中的乘车路程占总路程的比例，作为该线路占总交易额的比例，即为该线路的权重值。

2）站数权值法

在乘车路径确定以后，把构成该路径的相关线路中的乘车站数占总站数的比例，作为该线路占总交易额的比例，即为该线路的权重值。

3）分区域权值法

在乘车路径确定以后，把构成该路径的相关线路中的区域数占总区域数的比例，作为该线路占总交易额的比例，即为该线路的权重值。

二、清分方法

常见的城市轨道交通清分方法主要有人工分账法、理想情况下的清分法和基于乘客出行路径的清分法等。

1. 人工分账法

该方法是对形成网络连线的每条城市轨道交通运营线路的各项指标，如服务质量、客运量、站点数、运营里程、投资额等进行综合评估，评估后针对每一对换乘线路中各运营线路的参与投资情况，人为地规定每条线路在整个城市轨道交通路网中的关于所有跨线换乘票务收益的清分比例。当运营结束后，清分系统将对所有换乘票款按各线路既定的比例进行清分。

该方法的优点是简单易行，但在合理性和精确性上存在明显不足，难以客观反映各运营主体在城市轨道交通路网中的实际贡献。

2. 理想情况下的清分法

在清分中，如何确定路径是十分关键的问题。理想情况下，在城市轨道交通路网的每个换乘车站设置专用的检票设备，乘客乘坐轨道交通换乘时，刷卡进出站，每换乘一次就刷卡一次，系统就可以记录每位乘客的出行信息，从而得到比较准确的出行路径。再根据制定的清分规则，按运营里程比例对票务收益进行分配。

该方法的优点是理论上可行、清分结果公平和精确，是一种理想的清分方法。但在实际应用方面，一是需要增加硬件设施支持和资金投入，当线路较复杂时，将大幅度增加建设和维护成本；二是引起乘客换乘不便，容易导致客流积压，影响乘客出行效率。因此，该清分法在实际中没有可行性，很难实现。

3. 基于乘客出行路径的清分法

1）最短路径法

在城市轨道交通网络中，每条线路由起始站点、换乘站点和终到站点构成一条路径，不同的路径相互连接形成网状结构的连通图。最短路径法是建立在所有乘客出行均选择最短路径这样的假设条件的基础上的，在假定OD站之间的乘客全部选择最短路径的基础上，将票款收益分配给最短路径上作出贡献的运营主体。

该方法比较简单，在路网规模不大、结构简单和清分精度要求不高的条件下，可以利用该方法进行清分比例计算。但其不足之处也明显，仅仅考虑了时间对乘客出行路径的选择的影响，忽略了其他因素，无法体现乘客出行路径选择中的多样性。此外，不符合复杂的路网情况，甚至会造成票款收益分配不公的现象。

2）多短路径选择概率法

在无缝换乘的城市轨道交通网络中，一对 OD 上存在多条路径。多路径选择概率法在确定 OD 上多条可行路径的基础上，按照一定的方法将客流分配到可行路径上，计算清分比例。

多路径选择概率法缺点是比较复杂，但更加客观和公平，能体现乘客出行路径选择影响因素的多样性，充分反映乘客的出行情况，并能科学、准确、客观地实现票务收益的分配。

知识库 3　城市轨道交通清分影响因素

城市轨道交通线网中影响票务收益清分的因素很多，最主要的就是多条有效路径上的客流分配比例，而各路径上的客流分配比例与乘客出行路径选择直接相关。因此，清分的影响因素即为出行路径选择的影响因素，乘客出行路径选择受乘客需求、城市轨道交通系统特性等诸多因素共同影响，如图 8-7 所示。概括起来，主要包括乘客自身因素、乘客出行特征因素、城市轨道交通网络因素和城市轨道交通运营企业管理因素等方面。

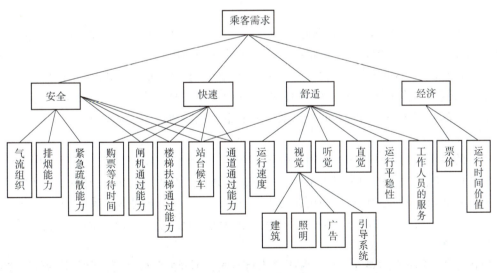

图 8-7　乘客需求因素

一、乘客自身因素

乘客自身因素包括乘客的年龄、性别、职业和收入等方面。

1. 年龄

不同年龄阶层对出行路径选择的倾向性有明显的差异。一般情况下，对于较年轻的乘客来说，在出行时会着重考虑出行时间和换乘次数，他们比较愿意选择出行时间少的路径出行，更乐意通过增加换乘次数减少总的

视频　城市轨道交通清分影响因素

出行时间；而对于年龄较大的乘客来说，由于身体原因，他们更倾向于选择舒适度高、换乘次数少和换乘方便的路径出行。

2. 性别

不同性别的乘客在选择出行路径时也有差异。对于女性乘客而言，她们更侧重于选择那些安全、方便和舒适的路径出行；对于男性乘客而言，可能更多地关注出行时间，在选择出行路径时，会选择花费时间最短的路径出行。

3. 职业

职业因素对乘客出行路径的选择具有一定的影响。通常情况下，学生和工薪阶层由于上课和上班时间的极限性，他们比较在意时间，选择出行路径所花时间最短是其考虑的主要因素；而对于退休人员来说，他们出行的主要目的是娱乐、购物及探亲访友等，对时间并不敏感，因此会选择方便、舒适、换乘次数少的出行路径。

4. 收入

收入水平对出行路径的影响不明显。通常情况下，随着收入水平的不断提高，乘客对于方便、舒适及安全等方面的要求更高。虽然城市轨道交通工具的票价相对固定，但对高收入者而言，换乘次数少、乘坐舒适的路线是他们更愿意选择的路径。

二、乘客出行特征因素

乘客出行特征因素主要包括出行距离、出行目的、出行时段和乘客对路网的熟悉程度等。

1. 出行距离

出行距离是指乘客在一次城市轨道交通出行中的出行路程长度，不同的出行距离对乘客路径的选择具有一定的影响。一般情况下，乘客在短距离出行中通常会换乘次数少的出行路径，因为短距离出行所花费时间并不长，通过换乘节约的时间在总出行时间中所占比例很小，不能起到通过换乘减少出行时间的目的，反而在换乘时可能会花费更多的时间。而对于长距离出行的乘客来说，出行时间长，乘客一般希望能够通过换乘来节省总出行时间。

2. 出行目的

乘客的出行目的包括工作、学习、娱乐、购物、探亲访友及旅行等，出行目的不同导致出行路径选择时所考虑的侧重点也不同。如以探亲访友、娱乐、购物为目的的出行乘客，一般不会太在意出行时间的长短，而更在意出行过程中的方便、舒适等因素；而以工作和学习为目的的乘客，更在意时间，大多会选择出行总时间少的路径，尽量减少出行时间。

3. 出行时段

出行时段包括早晚高峰出行时段和平峰出行时段，不同的出行时段，乘客考虑的因素也不同。在高峰时段，由于乘客急着上下班或上下学，故一般会选择总出行时间最短的路径，因而车厢较拥挤。对时间不敏感的乘客来说，会通过增加换乘或其他方法避开拥堵路线，进而选择其他路径出行。在平峰时段，乘客会选择出行时间短、换乘次数少和舒适度高的路径出行。

4. 乘客对路网的熟悉程度

乘客对路网是否熟悉，将影响乘客出行路径的选择。长期利用城市轨道交通出行的乘客，对各个时段的路网和客流量情况很了解，根据其长期经验，容易选择一条相对较固定的出行路径。而对于路网不熟悉的乘客来说，对各个时段的路网和客流量情况不了解，在选择具体出行路径时，往往仅凭当时发布的客流信息选择线路，出行的路径不固定；或者按平时的习惯乘坐较为熟悉的路线，但该路径可能并不是最短路径。

三、城市轨道交通网络因素

城市轨道交通网络因素主要包括路网结构、运营模式、换乘方便性和出行时间等。

1. 线网结构

城市轨道交通网络化运营使得线路之间互相交叉衔接，线网的连通度提高，为乘客出行路径的选择提供了更多可能。因此，在确定清分规则时需充分考虑乘客出行路径选择的多样性，采用切实有效、接近实际的清分方法，以确保票务收益在运营主体之间能合理分配。

2. 运营模式

影响票务清分的运营模式主要是共线运营模式。所谓共线运营模式，是指两条或多条线路之间共线运营的模式，共线部分的车站都是换乘站，在清分时应考虑。

3. 换乘方便性

换乘方便性指乘客在换乘方式、换乘距离及时间等方面的方便程度。换乘通道长度的大小、换乘方式和换乘设施的便利与否直接决定着换乘方便性。当乘客有多条路径可供选择且各条路径的出行时间相差不大时，换乘方便性对乘客的路径选择会产生较大的影响。对于老弱病残孕乘客来说，换乘方便的路径是其首选。

4. 出行时间

出行时间不同于乘车时间，它是指乘客从出发地到目的地所花费时间的总和，包括乘车时间、列车停站时间、换乘时间及换乘等车时间。当乘客从出发地至目的地有多条路径可供选择时，通常情况下，出行时间较少的路径被选择的概率较大。

四、城市轨道交通运营企业管理因素

城市轨道交通运营企业管理因素主要包括正点率、安全性和舒适度等。

1. 正点率

正点率是指城市轨道交通运营企业在运输组织时，提供给乘客出行的客运产品，即运行列车的准时程度。城市轨道交通具有正点率高的特点，但不同的运营企业在正点率方面存在差异，高正点率会节省乘客时间，满足乘客出行对时间的需求。

2. 安全性

安全性是指城市轨道交通运营企业保证乘客使用其轨道交通线路的安全程度。城市轨道交通线路具有安全性高的特点，安全性高的线路对乘客出行路径的选择会产生影响。

3. 舒适度

出行的舒适度与很多因素有关，如乘车环境、站台设施、车厢拥挤度等。在各车站乘车环境及站台设施相差不大的情况下，车厢拥挤度往往与舒适度密切相关，客流量越大，舒适度越低；反之，舒适度越高。

【任务实施】

如图 8-8 所示，根据所给条件，选择最佳出行路径。

（1）共有三条路径，分别为 1 号线、2 号线和 3 号线。

（2）从 A 站到 B 站有三条路径可以选择，ACB = 6 元；AB = 5 元；ADB = 4 元。

（3）AC = 10 min；CB = 5 min；AB = 15 min；AD = 30 min；DB = 5 min；换乘需要 5 min。

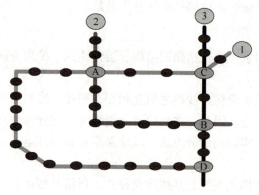

图 8-8　出行路径

如果你是乘客，你会选择哪条路径？在选择出行路径时，你会考虑哪些因素？

【任务评价】

评价方法：以小组为单位进行评价，评价主体为教师和学生，教师评价占 60%，小组自评占 20%，组间互评占 20%，见表 8-1。

表 8-1　任务评价

序号	评价标准	分数	评分记录		
			小组自评	组间互评	教师评价
1	小组成员的参与情况	10			
2	路径选择的合理性	50			
3	因素考虑的全面性	30			
4	任务提交的及时性	10			

【巩固与练习】

一、选择题

1. 下列不属于 ACC 票务管理功能的是（　　）。
   A. 车票初始化　　B. 车票预赋值　　C. 车票发售　　D. 车票注销
2. 下列不属于 ACC 运营管理功能的是（　　）。
   A. 客流统计与分析　　B. 设备管理　　C. 票价制定　　D. 车票注销
3. 下列属于线路主体划分依据的是（　　）。
   A. 运营主体　　B. 运营线路　　C. 运营车站　　D. 运营区域
4. 下列有关路径最短原则说法不正确的是（　　）。
   A. 乘客出行路径取距离最短
   B. 处于距离最短路径的线路参与清分
   C. 符合习惯做法
   D. 计算方法复杂，较难简化

5. 下列不属于出行舒适度的因素是（　　）。

A. 乘车环境　　　　B. 站台设施　　　　C. 站间距　　　　D. 车厢拥挤度

二、判断题

1. 乘客对路网的熟悉度将会影响乘客出行路径的选择。　　　　　　　　　（　　）

2. 出行目的不会对出行路径会产生影响。　　　　　　　　　　　　　　　（　　）

3. 出行距离是指乘客在一次城市轨道交通出行中的出行路程长度。　　　　（　　）

4. 城市轨道交通清分中心主要服务器是数据库服务器。　　　　　　　　　（　　）

5. ACC 的核心功能是为城市轨道交通各线路提供清分结算服务，并代表城市轨道交通运营企业与一卡通等系统进行清分结算。　　　　　　　　　　　　　　　　（　　）

三、简答题

1. 简述城市轨道交通清分系统的功能。

2. 概述清分模型的组成要素。

3. 举例说明清分影响因素。

参 考 文 献

[1] 于涛. 城市轨道交通票务管理［M］. 北京：人民交通出版社，2021.
[2] 陈如柏，等. 城市轨道交通自动售检票系统及票务处理［M］. 北京：北京交通大学出版社，2021.
[3] 管莉军. 城市轨道交通票务管理［M］. 北京：人民交通出版社，2018.
[4] 汪武芽. 城市轨道交通票务实务［M］. 北京：中国建材工业出版社，2017.
[5] 李杨，赵海明. 城市轨道交通票务管理［M］. 上海：上海交通大学出版社，2016.
[6] 邵震球，于丹. 城市轨道交通自动售检票系统实务［M］. 上海：上海交通大学出版社，2016.
[7] 熊坚，杨静. 城市轨道交通票务管理［M］. 北京：北京出版社，2017.
[8] 高帅，余璇，靖娅青. 城市轨道交通票务管理［M］. 上海：上海交通大学出版社，2018.